Einfache Rechtschreibregeln

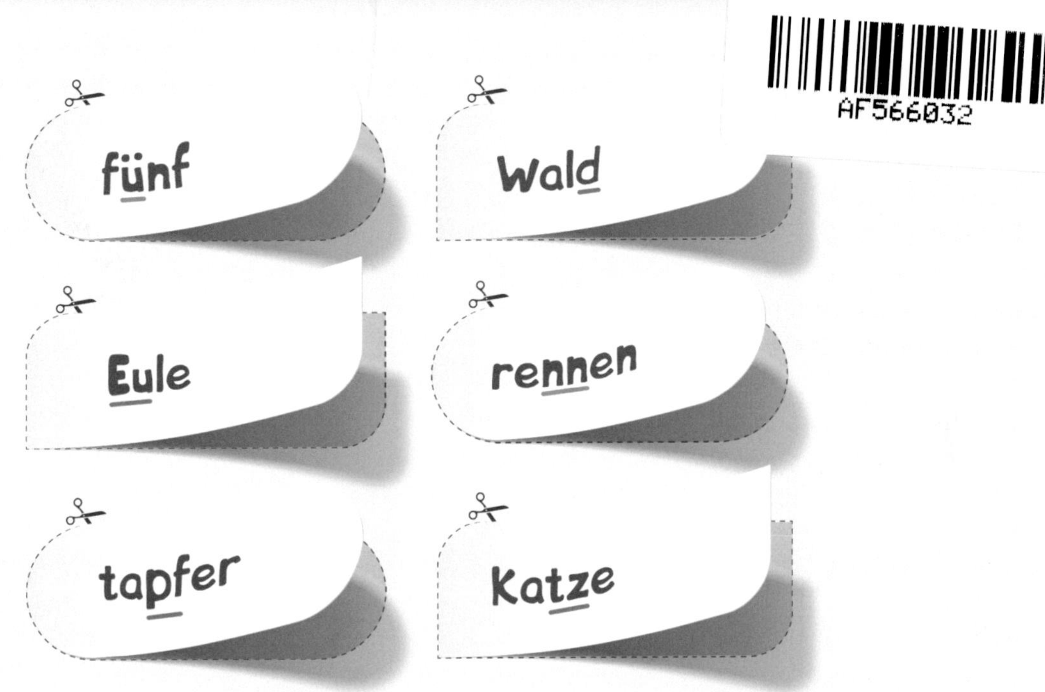

üben und festigen

Kopiervorlagen
mit Lösungen

Saskia Kistner

Verlag an der Ruhr

Impressum

Titel
Einfache Rechtschreibregeln üben und festigen
Kopiervorlagen mit Lösungen

Autorin
Saskia Kistner

Titelbildmotiv
unter Verwendung von © piai – Fotolia.com

Illustrationen
Anja Boretzki; ansonsten siehe Copyrighthinweise

Druck
Heenemann GmbH & Co. KG, Berlin, DE

Verlag an der Ruhr
Mülheim an der Ruhr
www.verlagruhr.de

Geeignet für die Klassen 2–3

ISBN 978-3-8346-3900-4

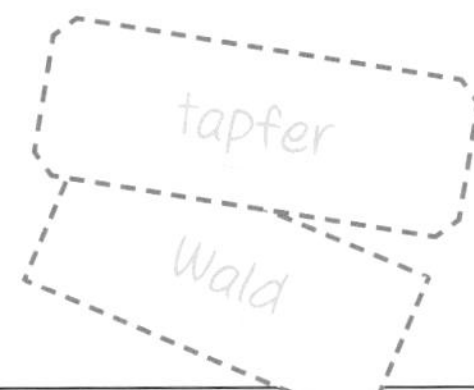

Inhaltsverzeichnis

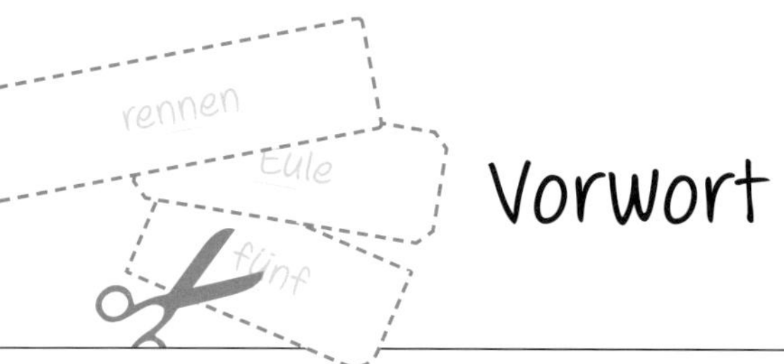

Vorwort

Liebe Kollegen*,

eine gut ausgeprägte Rechtschreib-Kompetenz ist nicht nur die Grundlage für eine erfolgreiche Schulkarriere, sondern auch die Voraussetzung, um sich in geschriebener Sprache so verständigen zu können, dass der Adressat versteht, was gemeint ist. Richtiges Schreiben ist für viele Kinder allerdings nicht einfach und bedarf regelmäßiger **Übung und Wiederholung**. Die vorliegenden Arbeitsblätter sollen Ihre Klasse dabei unterstützen.

In diesem Heft habe ich versucht, **die wichtigsten Rechtschreibregeln sowie die Großschreibung für Klasse 2 und 3** in aller Kürze aufzugreifen: Gut die Hälfte des Grundwortschatzes für Grundschüler besteht aus lautgetreuen Wörtern, deren Schreibweise sich die Kinder durch deutliches Mitsprechen bzw. Mitschwingen der Silben erschließen können. Daneben enthält der Grundwortschatz auch Wörter mit ähnlich oder gleich klingenden Lauten. Die richtige Schreibweise lässt sich hierbei meist mit dem entsprechenden „Werkzeug" (z. B.: Wörter verlängern, Wortverwandte finden) herausfinden.
Es gibt allerdings auch Wörter, bei denen diese Strategien nicht weiterhelfen. Die Kinder müssen diese Wörter auswendig lernen und sich deren Schreibweise gut merken. Daher heißen diese Wörter auch „Merkwörter".

Besondere Hinweise

Durch die **Lösungsseiten** (S. 57–78) müssen Sie keine Lösungen erstellen und eine Selbstkontrolle ist gut und einfach ermöglicht.

Die **Wörterliste** (S. 47–55) basiert auf dem Grundwortschatz 200, der nach der Häufigkeit und Kindgemäßheit von Wörtern erstellt wurde. Ich habe noch einige Wörter ergänzt, die meiner Meinung nach für Klasse 2 und 3 geeignet sind. Die Kinder können die Liste für verschiedene Übungen nutzen (z. B. schwierige Wörter markieren, ausgewählte Wörter diktieren).

Zur **Differenzierung** habe ich auf einigen Arbeitsblättern Heftaufgaben als Ergänzung eingefügt. Diese können von der ganzen Klasse oder auch nur von einzelnen Schülern bearbeitet werden. Meist sind die Heftaufgaben als unterste Aufgabe angefügt, sodass sie beim Kopieren je nach Bedarf leicht weggelassen werden können.

Das **Blanko-Knickblatt „Übung macht den Meister"** (S. 56) kann zu jedem Thema mit Lernwörtern gefüllt werden – entweder durch Sie als Lehrkraft oder durch die Kinder selbst.

Viel Erfolg beim Einsatz des Materials

Ihre Saskia Kistner

* Aus Gründen der besseren Lesbarkeit haben wir in diesem Buch durchgehend die männliche Form verwendet. Natürlich sind damit auch immer Frauen und Mädchen gemeint, also Lehrerinnen, Schülerinnen etc.

KOPIERVORLAGEN

Nomen schreibt man groß – Nomen entdecken (1/4)

Nomen sind Wörter für **Menschen, Tiere, Pflanzen, Dinge, Gefühle** und **Ereignisse**. Du kannst sie oft sehen und anfassen. Nomen schreibst du immer **groß**.

Was siehst du auf dem Bild? Schreibe die Nomen auf.

Schau dich um. Was siehst du? Schreibe 5 Nomen auf.

Fallen dir noch weitere Nomen ein?

© Verlag an der Ruhr | Autorin: Saskia Kistner | ISBN 978-3-8346-3900-4 | www.verlagruhr.de

Nomen schreibt man groß – Nomen und Artikel (2/4)

Zu einem Nomen gehört ein **Artikel**. Er begleitet das Nomen. Der Artikel kann bestimmt oder unbestimmt sein.

bestimmte Artikel:
der Hase
die Hose
das Auto

unbestimmte Artikel:
ein Hase
eine Hose
ein Auto

Welcher bestimmte Artikel passt zum Nomen? Male ihn blau an. Schreibe die Nomen mit Artikel in dein Heft.

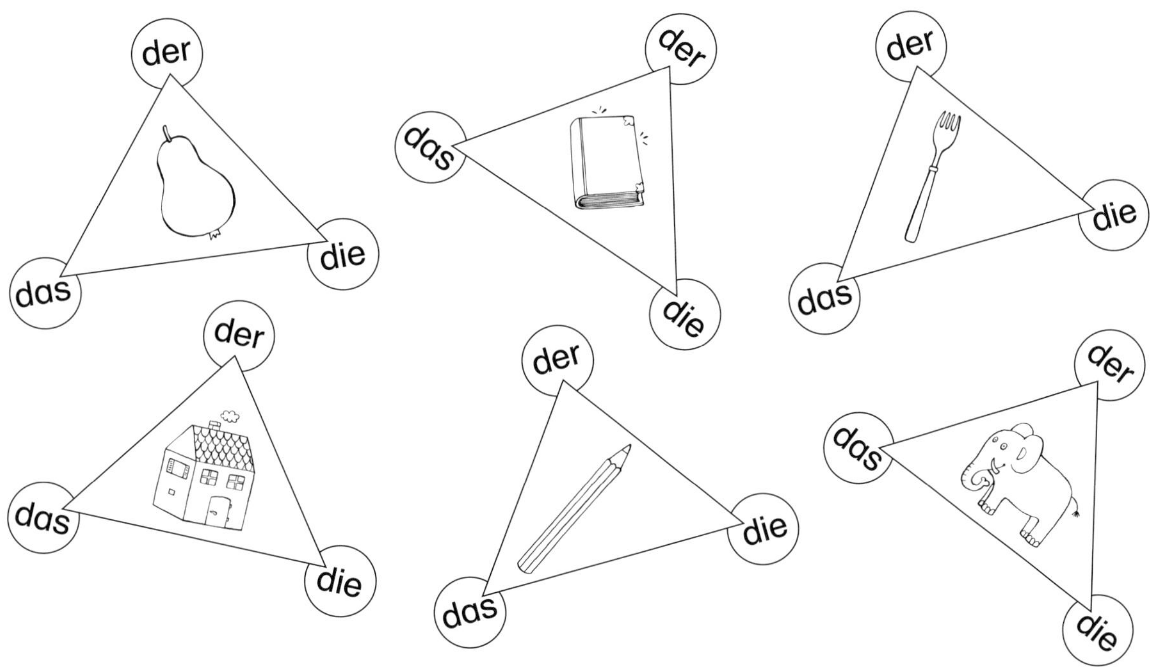

Schreibe die Nomen mit unbestimmtem Artikel.

eine B

© Verlag an der Ruhr | Autorin: Saskia Kistner | ISBN 978-3-8346-3900-4 | www.verlagruhr.de

Nomen schreibt man groß – Einzahl und Mehrzahl (3/4)

Die meisten Nomen kannst du in der **Einzahl** (Singular) und in der **Mehrzahl** (Plural) schreiben:

die Ente

die Enten

 **Hier ist alles kleingeschrieben. Kreise die Nomen ein.**

zebra – krank – dose – blühen – bilder – kalt – ein – esel – leicht – will – nasen – so – tun – sieht – name – weit – schön – nach – kaufen – licht

Schreibe die Nomen mit Artikel in die richtige Spalte. Ergänze die Einzahl oder die Mehrzahl.

Einzahl (Singular)	**Mehrzahl (Plural)**
das Zebra	die Zebras

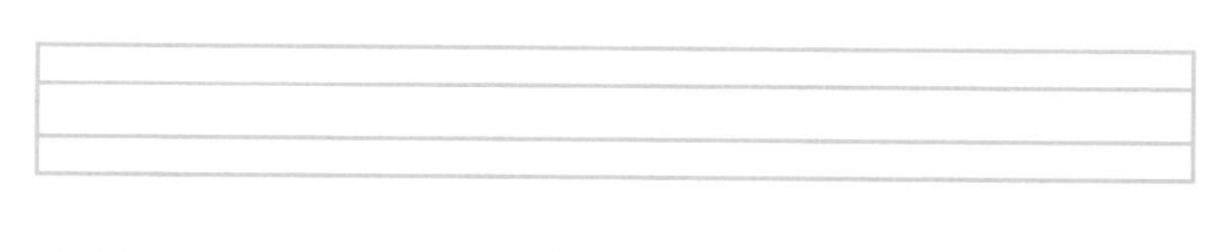

 **Schreibe noch 5 weitere Einzahl-Mehrzahl-Paare in dein Heft.**

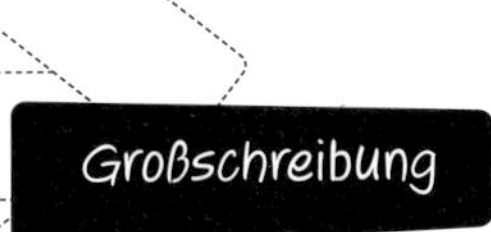

Nomen schreibt man groß – Nomen erkennen (4/4)

Hier ist alles kleingeschrieben. Kreise die Nomen ein.

Markiere Nomen in der Einzahl grün und Nomen in der Mehrzahl orange.

Schreibe die Nomen neben die Sätze.

Heute gehen wir mit papa in den zoo. — Papa

Wir kaufen an der kasse zwei karten.

Zuerst geht es zu dem gehege mit den affen.

Dann besuchen wir die löwen und bären.

Auf einer bank machen wir eine pause.

Es gibt saft und kuchen.

Danach gehen wir zu der giraffe und ihrem kind.

Später essen wir noch zwei kugeln eis.

Schreibe die Sätze richtig in dein Heft.

Aufgaben-Icon(s): © Verlag an der Ruhr; Löwe: © Anja Boretzki

Satzanfänge schreibt man groß – Satzanfänge finden (1/2)

Sätze haben einen Anfang und ein Ende.
Am Satzanfang schreibst du immer groß!
Am Ende steht ein Punkt, ein Fragezeichen oder ein Ausrufezeichen.

Unterstreiche das erste Wort im Satz.
Kreise das Satzzeichen am Ende (Punkt) ein.

Im Herbst gibt es oft Wind und Regen.

Eichhörnchen sammeln Nüsse.

Die Blätter fallen von den Bäumen.

Du kannst Kastanien sammeln.

Im Laub verkriechen sich Igel.

Sie halten Winterschlaf.

Im Winter halten die Eichhörnchen Winterruhe. Sie wachen oft auf und haben Hunger. Die Nüsse schmecken besonders gut. Die Eichhörnchen holen die Nüsse aus ihrem Versteck. Die Frösche vergraben sich im Winter im Schlamm. Dort verfallen sie in eine Winterstarre. Sie bewegen sich dann nicht mehr. Im Frühling wachen sie wieder auf.

Trenne die Sätze mit einem Punkt voneinander ab.
Unterstreiche das erste Wort im Satz.
Schreibe die Sätze in dein Heft.

Viele Tiere leben im Winter normal weiter Im Wald sind das zum Beispiel Wildschweine und Füchse Im Garten suchen die Vögel nach Futter Für sie kannst du Körner in ein Vogelhaus legen Die Vögel freuen sich darüber

© Verlag an der Ruhr | Autorin: Saskia Kistner | ISBN 978-3-8346-3900-4 | www.verlagruhr.de

Großschreibung

Satzanfänge schreibt man groß – Satzanfänge verbessern (2/2)

Unterstreiche das erste Wort im Satz.
Kreise das Satzzeichen am Ende (Punkt) ein.
Verbessere die Satzanfänge wie im Beispiel.

K
karla ist eine Amsel. sie lebt in einem Nest. es ist in einer Eiche. das Nest besteht aus Ästen und Moos. in einer Astgabel ist es gut versteckt. die Eiche steht vor der Schule. auf der Wiese findet Karla Würmer. die frisst sie besonders gern.

der Storch Pit lebt auf dem Schuldach. sein Nest hat er auf dem Kamin gebaut. es besteht aus Ästen. man nennt es Horst. den Winter verbringt Pit im warmen Afrika.

Wie geht die Geschichte weiter?

Aufgaben-Icon(s): © Verlag an der Ruhr; alle anderen Illustrationen: © Anja Boretzki

© Verlag an der Ruhr | Autorin: Saskia Kistner | ISBN 978-3-8346-3900-4 | www.verlagruhr.de

Gemischte Übungen – Bist du ein Profi?

Du weißt: Nomen und Satzanfänge schreibt man groß.

Unterstreiche die Nomen.
Die Zahl am Ende sagt dir, wie viele du finden musst.

Schreibe die Sätze richtig ab. Achte auf die Satzanfänge.
Unterstreiche die Satzanfänge in deinen Sätzen.

herr meier geht ins kino. (3)

sein freund ole kommt mit. (2)

sie sitzen in der fünften reihe. (1)

der film handelt von käfern. (2)

die tiere leben auf einer wiese. (2)

dort erleben sie ein abenteuer. (1)

Aufgaben-Icon(s): © Verlag an der Ruhr; alle anderen Illustrationen: © Anja Boretzki

© Verlag an der Ruhr | Autorin: Saskia Kistner | ISBN 978-3-8346-3900-4 | www.verlagruhr.de

Vokale und Konsonanten unterscheiden

Das ABC besteht aus 26 Buchstaben.
A, E, I, O und **U** nennt man **Vokale**.
Alle anderen Buchstaben heißen **Konsonanten.**

Male Vokale gelb und Konsonanten grün an.

A B C D E F G H I J K L M N
O P Q R S T U V W X Y Z

Setze den richtigen Vokal ein.

H .... t S .... nd F .... ld D .... ch B .... nk Pl .... tz T .... g
G .... rt .... n R .... k .... t .... T .... m .... t .... N .... s .... R .... d

Male die Vokale gelb an. Schreibe die Nomen auf.

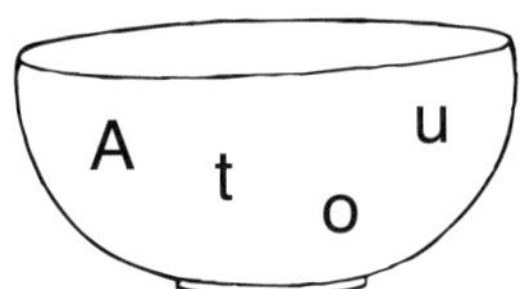

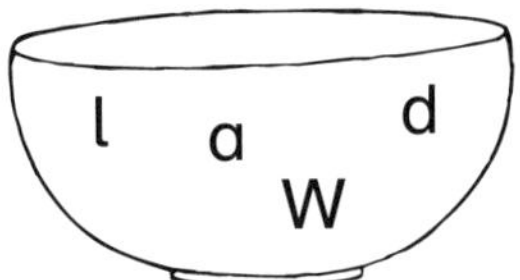

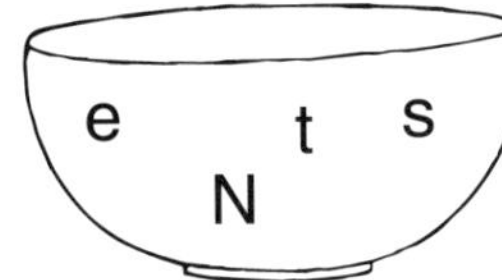

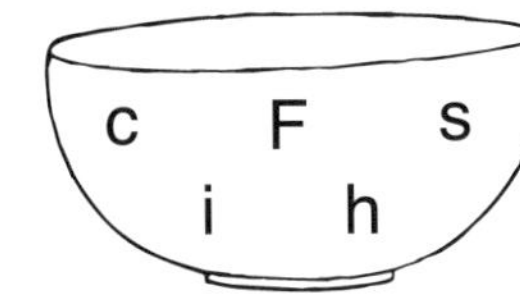

a l S t a

E n a l f e t

i e K c s r h

e r H z

Nenne 3 Tiere. Male Vokale gelb und Konsonanten grün an.

© Verlag an der Ruhr | Autorin: Saskia Kistner | ISBN 978-3-8346-3900-4 | www.verlagruhr.de

Wörter bestehen aus Silben (1/4)

Wörter bestehen aus **Silben**. In jeder Silbe ist **mindestens ein Vokal**. Er bringt das Wort zum Klingen, zum Beispiel:

zu – Mut – Tasche – Uhu – richtig – Salami – Telefon – lesen

Zeichne unter die Wörter Silbenbögen. Male die Vokale gelb an.

Tor sandig uns waschen warten reden lustig in

hoch fertig Kalender Palme Juni Name versuchen

Welche Silben gehören zusammen? Verbinde und schreibe auf.
Zeichne unter die Wörter Silbenbögen. Male die Vokale gelb an.

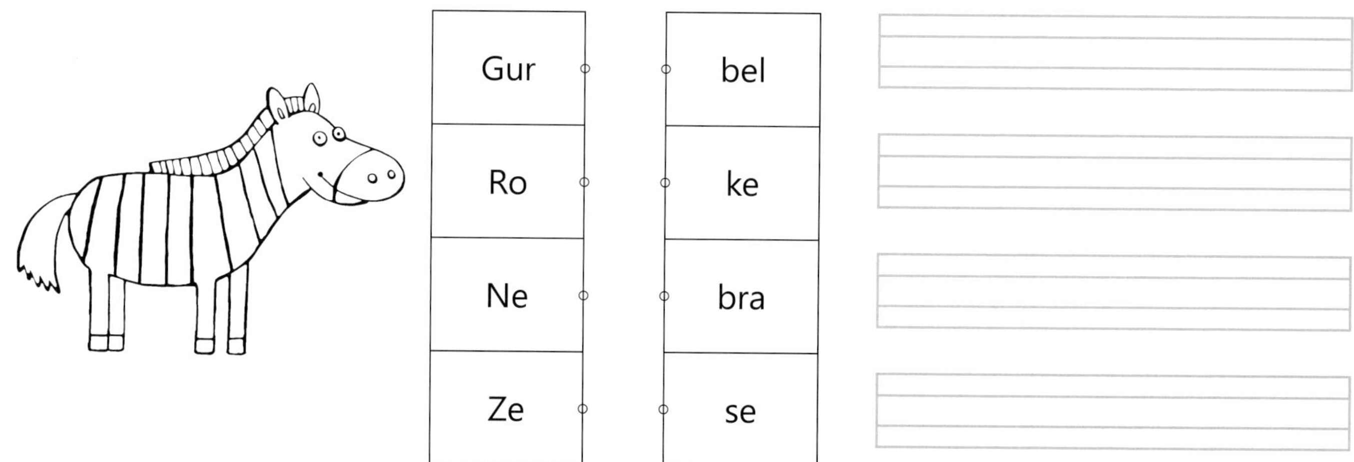

Errätst du auch diese Nomen? Schreibe auf.
Zeichne Silbenbögen und male die Vokale gelb an.

nest – gel – Vo:

gen – Re – gen – bo:

kan – si – Mu – ten:

© Verlag an der Ruhr | Autorin: Saskia Kistner | ISBN 978-3-8346-3900-4 | www.verlagruhr.de

Wörter bestehen aus Silben (2/4)

Du weißt: Wörter bestehen aus Silben. Vokale lassen die Silben klingen.

Trenne die Wörter durch Striche. Schreibe die Wörter auf. Zeichne Silbenbögen. Male die Vokale gelb an.

lachenFarbeUhuInstrumentFroschWocheSchnabellesenjagenRabe

Löse die Tierrätsel. Die Silben unten helfen dir.

Er lebt im Meer:

Sie kann sehr alt werden:

Es springt von Baum zu Baum:

Er hält Winterschlaf:

krö – Del – chen – Schild – fin – hörn – gel – te – Eich – l

© Verlag an der Ruhr | Autorin: Saskia Kistner | ISBN 978-3-8346-3900-4 | www.verlagruhr.de

Wörter bestehen aus Silben (3/4)

Tipp: Sprich beim Schreiben die Silben langsam und deutlich mit. So hörst du meist alle Buchstaben.

Lies die Wörter leise. Zeichne Silbenbögen. Male die Vokale gelb an.

Salamibrote Tomatensaft Marmelade Hasenfutter

Indianerzelt Lokomotive Gartenzauntor Zirkuselefanten

Bananensaft Naturmuseum Regenmantel Schokoladenkuchen

Welche Silben gehören zusammen? Verbinde. Schreibe die Wörter auf.

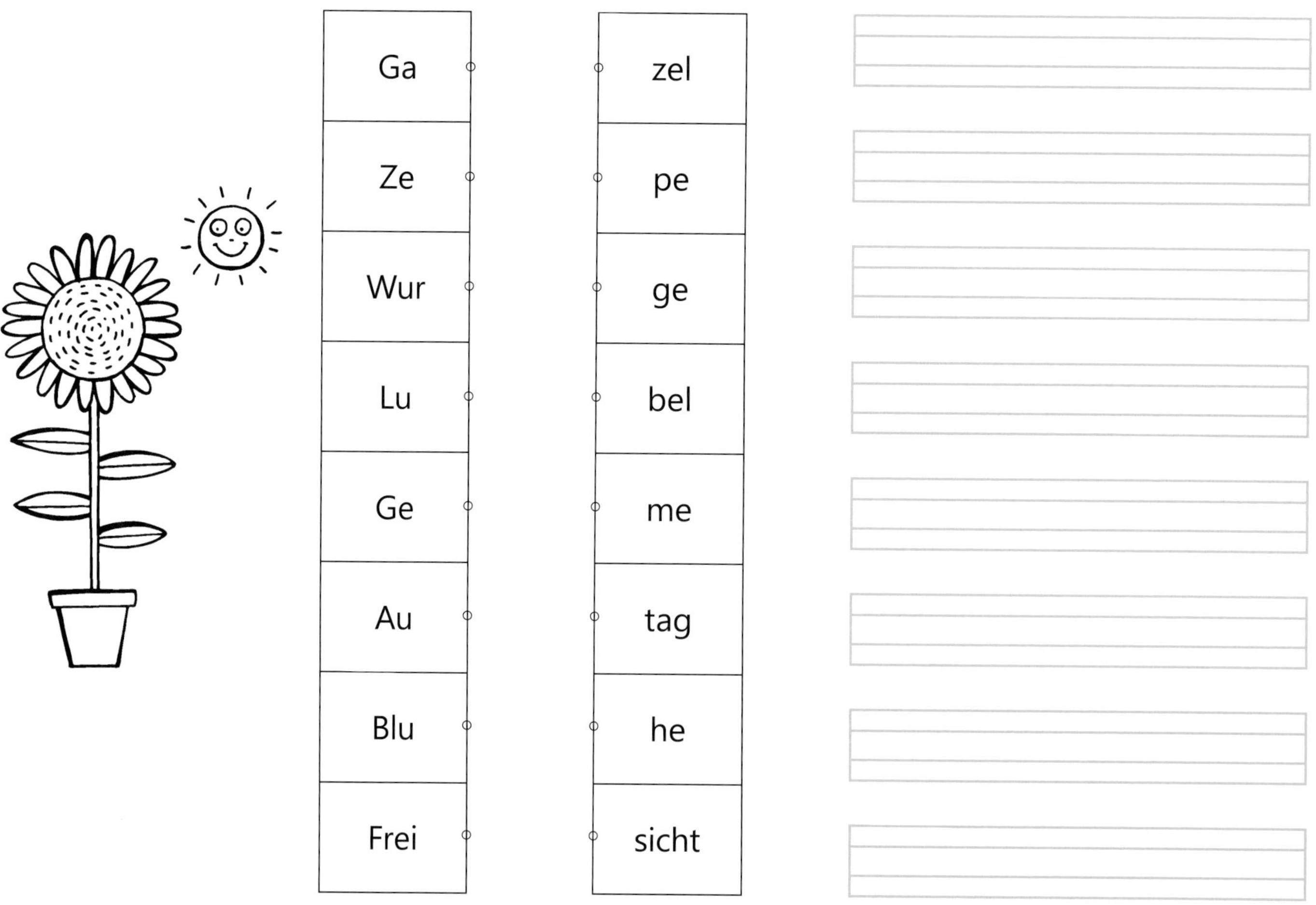

Schreibe 4 Wörter von Aufgabe 1 in dein Heft. Zeichne Silbenbögen.

© Verlag an der Ruhr | Autorin: Saskia Kistner | ISBN 978-3-8346-3900-4 | www.verlagruhr.de

Wörter bestehen aus Silben (4/4)

Lies die Sätze leise. Zeichne Silbenbögen. Male die Vokale gelb an.

Heute ist Samstag. Mika und Samu radeln zum Freibad. Sie wollen schwimmen und tauchen. Mika ist schon im Wasser. Er taucht viele Sekunden unter. Samu jubelt. Die Kinder schwimmen zusammen.

Ordne die Silben richtig ein.

se – park – der – ba – en – Schat – chen – ner – Aus – su – ser – ne

Am Wochen................de ma................ die
Kin................ einen ....flug in den
Tier................ . Dort be................chen sie die
Nashör................ . Eines ....det im
Was................graben. Das klei................ Nashorn
schläft auf der Wie................ im ....ten.

Silbenrätsel für Profis. Achte auf die Großschreibung.

er – schau – zu: ________________

pe – ma –to – ten – sup: ________________

schor – ap – saft – fel – le: ________________

© Verlag an der Ruhr | Autorin: Saskia Kistner | ISBN 978-3-8346-3900-4 | www.verlagruhr.de

Anlaute erkennen

Mit welchen Lauten beginnen die Wörter? Schreibe auf.

© Verlag an der Ruhr | Autorin: Saskia Kistner | ISBN 978-3-8346-3900-4 | www.verlagruhr.de

Der Laut Pf/pf

Pf/pf kann am **Wortanfang**, in der **Wortmitte** und am **Wortende** stehen.
Manchmal klingt es wie ein F/f.
Du kannst hören, ob ein Wort mit Pf/pf geschrieben wird,
wenn du es ganz **deutlich** aussprichst, zum Beispiel: **Pf**au, Ap**f**el, Zo**pf**.

Kreise Pf/pf ein. Ordne die Wörter dann richtig zu.

Pfau – Topf – pflücken – pflegen – Kopf – Pfeffer – Pflaume – Apfel –
Zopf – Dampf – Pfeil – Kampf – Strumpf – tapfer – Sumpf – Pferd

Pf- und pf-
(Wortanfang): Pfau,

-pf-
(Wortmitte):

-pf
(Wortende):

Pf/pf oder F/f? Arbeite mit einem Partner. Jeder wählt eine Zeile. Diktiert euch die Wörter gegenseitig. Sprecht deutlich.

der Napf – schimpfen – das Foto – das Pferd – hüpfen – das Fest
pfeifen – die Frau – die Pflanze – dampfen – das Pflaster – die Familie

© Verlag an der Ruhr | Autorin: Saskia Kistner | ISBN 978-3-8346-3900-4 | www.verlagruhr.de

Besondere Laute

Die Anlaute Sp/sp und St/st (1/2)

Man schreibt für den Laut „sch“ den Buchstaben **s**, wenn die Laute **p** oder **t** folgen, zum Beispiel:

die **Sp**inne   der **St**ern

Bilde Nomen mit Sp und St. Kreise St und Sp ein.

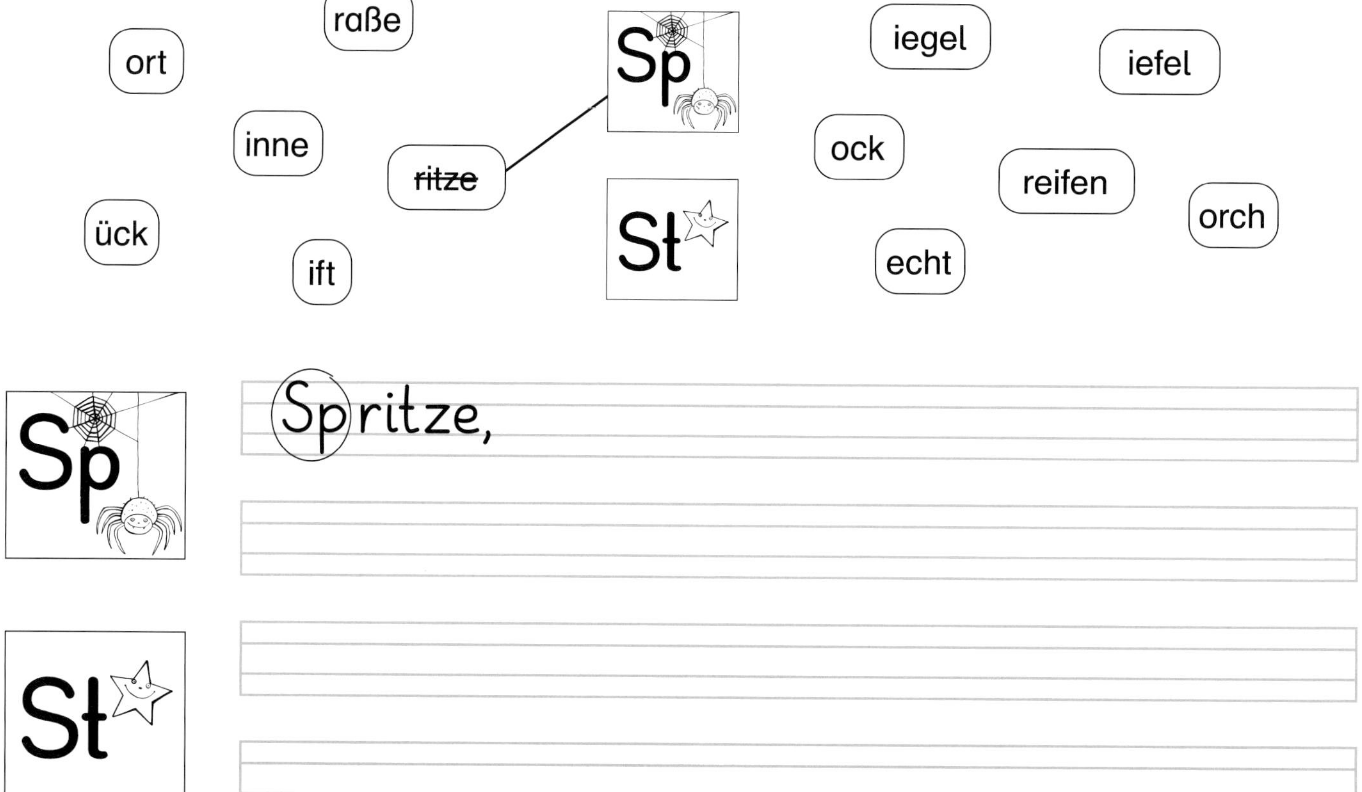

Finde die 8 Wörter mit St/st und Sp/sp. Schreibe in dein Heft.

W	V	S	J	T	J	S	T	E	I	N	C	G	K	L	J	D
N	P	P	V	S	S	M	H	J	J	K	F	F	S	E	Q	S
S	T	A	G	T	I	S	T	R	U	M	P	F	V	V	T	T
T	R	R	B	A	P	N	H	S	V	A	I	H	K	S	R	U
I	H	E	T	N	L	D	T	S	T	E	L	L	E	N	H	N
L	B	N	A	G	E	F	S	E	Z	Q	F	K	I	A	B	D
L	P	X	S	E	V	B	S	P	R	E	C	H	E	N	P	E

Lösung: still, sparen, Stange, Stein, Strumpf, stellen, sprechen, Stunde

Die Anlaute Sp/sp und St/st (2/2)

 **Statt  musst du ein Wort mit Sp/sp finden, statt ☆ ein Wort mit St/st.**

~~Spatz~~ – Spiegel – still – Sport – spart – spielen – spricht
stellt – stehen – Strumpf – Stange – Stiefel

Ein 🕷 sitzt ☆ auf dem Zweig. Spatz,

Opa 🕷 in einem ☆ Geld.

Vor der Tür ☆ unsere ☆.

Die Königin 🕷 mit dem 🕷.

Sie ☆ die ☆ weg.

In 🕷 🕷 wir Fußball.

 **Erfinde Sätze mit vielen Sp/sp- und St/st-Wörtern. Kreise Sp/sp und St/st ein.**

Aufgaben-Icon(s): © Verlag an der Ruhr; alle anderen Illustrationen: © Anja Boretzki

© Verlag an der Ruhr | Autorin: Saskia Kistner | ISBN 978-3-8346-3900-4 | www.verlagruhr.de

Wörter mit ng

Manche Wörter schreibst du mit **ng**.
Das **n** klingt dann etwas anders als sonst, zum Beispiel:

die **Ang**el, la**ng**, si**ng**en

Welche Silben gehören zusammen? Verbinde. Schreibe die Wörter auf. Kreise ng ein.

Schreibe zu jedem Wort einen Satz in dein Heft.

Erkennst du die Wörter? Schreibe auf. Kreise ng ein.

stngA	ngju
enngbri	iRng
nge	ngal
ngfane	uerHng
uJnge	elEng
gelkinln	geAnl

© Verlag an der Ruhr | Autorin: Saskia Kistner | ISBN 978-3-8346-3900-4 | www.verlagruhr.de

Wörter mit nk

Manche Wörter schreibst du mit **nk**.
Das n klingt dann etwas anders als sonst, zum Beispiel:

der Schra**nk**, kra**nk**, sti**nk**en

Kreise alle nk ein. Wie viele findest du in jedem Satz? Schreibe die Zahl auf die Linien.

Onkel Piko ist krank und trinkt Tee. ....

Auf der Bank sitzen zwei Buchfinken. ....

Die Kinder danken ihren Eltern für die Geschenke. ....

Der Gedanke an den Abschied macht Trudi traurig. ....

Der Anker ist oben und Lotta winkt bei der Abfahrt. ....

Mama muss noch tanken und lenkt das Auto zur Tankstelle. ....

Es ist dunkel und das Boot sinkt flink. ....

Luna denkt, dass der Gestank vom Kamin kommt. ....

Finde Reimwörter mit nk.

denken	sch	l
winken	st	tr
tanken	d	w
krank	Schr	D

Schreibe eine Geschichte mit vielen nk-Wörtern in dein Heft.

© Verlag an der Ruhr | Autorin: Saskia Kistner | ISBN 978-3-8346-3900-4 | www.verlagruhr.de

Wörter mit ä, ö und ü

Ä/ä, Ö/ö und **Ü/ü** sind besondere Vokale. Sie heißen **Umlaute**.
Wörter mit Umlaut sind oft verwandt mit Wörtern mit A/a, O/o und U/u, zum Beispiel:

der **A**pfel – die **Ä**pfel, der **O**rt – das **Ö**rtchen, der Fl**u**g – die Fl**ü**gel

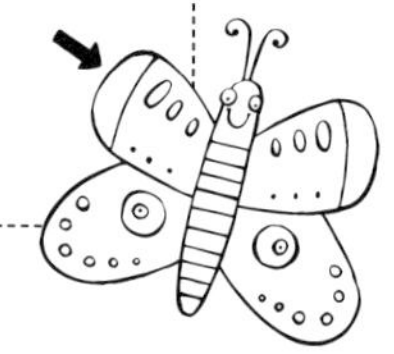

Male die Umlaute an: Ä/ä rot, Ö/ö blau und Ü/ü grün.

erzählen – wünschen – hören – für – Mädchen – Tür – Körper – fünf – Gemüse – Käfer – zwölf – grün – Übung – März – Kälte – über – müssen – schön – böse – spät – Flügel – dürfen – Frühling – Öl – Ärger

Ordne zu. Schreibe die Wörter mit Silbenbögen auf.

Ä/ä: erzählen,

Ö/ö:

Ü/ü:

© Verlag an der Ruhr | Autorin: Saskia Kistner | ISBN 978-3-8346-3900-4 | www.verlagruhr.de

Umlaute

Zauberwörter mit ä, ö und ü (1/2)

In der **Mehrzahl** wird oft aus **a** ein **ä**, aus **o** ein **ö** und aus **u** ein **ü**, zum Beispiel:

der B**a**ll – die B**ä**lle

der Fr**o**sch – die Fr**ö**sche

das B**u**ch – die B**ü**cher

Zaubere Wörter mit ä, ö und ü wie im Beispiel.
Kreise die verzauberten Vokale ein.

ein Mann – viele Männer

ein Land – viele

ein Bruder – viele

ein Wunsch – viele

ein Stuhl – viele

ein Ton – viele

eine Hand – viele

ein Rock – viele

ein Glas – viele

Findest du noch mehr Beispiele? Schreibe in dein Heft.
Kreise die verzauberten Vokale ein.

© Verlag an der Ruhr | Autorin: Saskia Kistner | ISBN 978-3-8346-3900-4 | www.verlagruhr.de

Zauberwörter mit ä, ö und ü (2/2)

In der **Einzahl** wird oft aus **ä** ein **a**, aus **ö** ein **o** und aus **ü** ein **u**, zum Beispiel:

die B**ä**lle – der B**a**ll

die Fr**ö**sche – der Fr**o**sch

die B**ü**cher – das B**u**ch

Zaubere Wörter mit a, o und u wie im Beispiel. Kreise die verzauberten Vokale ein.

viele Räder – ein Rad

viele Köpfe – ein

viele Dörfer – ein

viele Blätter – ein

viele Wälder – ein

viele Küsse – ein

viele Töchter – eine

viele Löcher – ein

viele Düfte – ein

viele Nächte – eine

© Verlag an der Ruhr | Autorin: Saskia Kistner | ISBN 978-3-8346-3900-4 | www.verlagruhr.de

Wörter mit Au/au

Au/au ist ein **Zwielaut**. Er besteht aus den Vokalen a und u.
Du sprichst „ao", aber du musst Au/au schreiben, zum Beispiel:

la**u**t – k**au**fen – das **Au**to

Kreise Au und au ein. Ordne die Wörter dann richtig zu.

laufen – auch – Haut – auf – laut – Aufgabe – Frau – kaufen – Sau – schauen – blau – bauen – August – aus – Bauch – Bauer – schlau

Au- und au-
(Wortanfang):

-au-
(Wortmitte):

-au
(Wortende):

Finde die 9 Wörter mit Au/au. Schreibe in dein Heft.
Kreise Au/au ein.

W	G	T	L	Q	S	C	H	A	U	K	E	L	S	B	X	T	N
A	U	G	E	B	Y	D	O	R	P	M	V	Y	U	A	W	A	Y
Q	X	U	I	Y	M	A	U	S	D	O	L	R	W	G	X	U	W
H	F	J	A	B	K	I	A	X	C	B	Q	A	S	B	D	B	G
D	A	U	M	E	N	H	H	A	U	S	R	U	X	A	Y	E	M
Y	N	L	E	K	Y	P	G	X	E	Y	E	P	S	U	D	D	C
I	F	J	S	C	H	R	A	U	B	E	U	E	D	M	J	L	P

Lösung: Schaukel, Auge, Taube, Maus, Daumen, Haus, Schraube, Raupe, Baum

© Verlag an der Ruhr | Autorin: Saskia Kistner | ISBN 978-3-8346-3900-4 | www.verlagruhr.de

Aus Au/au wird Äu/äu (1/2)

Aus **Au/au** kann **Äu/äu** werden, wenn du die **Mehrzahl** bildest, zum Beispiel:

das H**au**s

die H**äu**ser

Zaubere aus der Einzahl die Mehrzahl.
Kreise die verzauberten Zwielaute ein.

ein Baum – viele Bäume

ein Strauß – viele

ein Zaun – viele

ein Schlauch – viele

ein Strauch – viele

ein Bauch – viele

ein Haus – viele

eine Sau – viele

ein Traum – viele

eine Maus – viele

© Verlag an der Ruhr | Autorin: Saskia Kistner | ISBN 978-3-8346-3900-4 | www.verlagruhr.de

Aus Au/au wird Äu/äu (2/2)

Aus **Au/au** kann **Äu/äu** werden, wenn du etwas **verkleinerst**.
Hierfür hängst du **-chen** oder **-lein** an das Wort, zum Beispiel:

ein Baum – ein B**äu**mchen

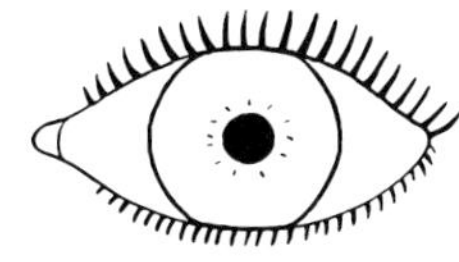
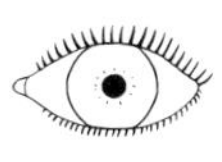

ein Auge – ein **Äu**glein

Zaubere die Nomen klein. Kreise die Zwielaute au und äu ein.

ein Bauch	ein Bäuchlein

© Verlag an der Ruhr | Autorin: Saskia Kistner | ISBN 978-3-8346-3900-4 | www.verlagruhr.de

Wörter mit Eu/eu

Eu/eu ist ein **Zwielaut**. Er besteht aus den Vokalen e und u.
Du sprichst „oi“, aber du musst Eu/eu schreiben, zum Beispiel:

fr**eu**en – n**eu** – das H**eu** – die **Eu**le

Welche Silben gehören zusammen? Verbinde. Schreibe die Wörter auf. Kreise Eu/eu ein.

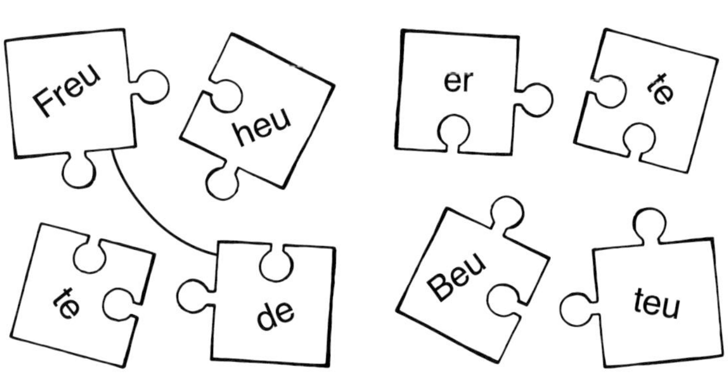

Freude,

In dem Wimmelbild verstecken sich 12 Wörter mit Eu/eu. Kannst du sie alle entdecken?

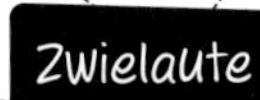

Wörter mit Ei/ei

Ei/ei ist ein **Zwielaut**. Er besteht aus den Vokalen e und i.
Du sprichst „ai“, aber du musst Ei/ei schreiben, zum Beispiel:

bl**ei**ben – h**ei**ter – das **Ei**

Bilde Nomen mit Ei/ei. Kreise Ei/ei ein.

(Ei)(ei)s – L(Ei)(ei)ter – R(Ei)(ei)ter – S(Ei)(ei)l – Z(Ei)(ei)t – G(Ei)(ei)st – (Ei)(ei)mer – Kr(Ei)(ei)de – B(Ei)(ei)n – S(Ei)(ei)fe – S(Ei)(ei)te – Fr(Ei)(ei)tag – R(Ei)(ei)s – (Ei)(ei)che – (Ei)(ei)sen

(Ei)s,

Kreise Ei/ei ein. Wie viele findest du in jedem Satz? Schreibe die Zahl auf die Linien.

Zwei reiche Ameisen reisen in das heiße Afrika. ....

Eine kleine Biene schreibt allein an einem Buch. ....

Dieses einzelne Ei scheint weiß zu bleiben. ....

Gleich zeige ich den beiden drei leise Mäuse. ....

Mein lieber Opa heißt Heiner und sagt nie: „Nein“. ....

Erfinde Sätze mit vielen Ei/ei-Wörtern. Schreibe in dein Heft. Kreise Ei/ei ein.

© Verlag an der Ruhr | Autorin: Saskia Kistner | ISBN 978-3-8346-3900-4 | www.verlagruhr.de

Wörter mit Doppelkonsonant (1/4)

Du weißt: Sprich beim Schreiben die Silben langsam und deutlich mit.
So hörst du meist alle Buchstaben.
Es gibt Vokale (A, E, I, O, U) und Konsonanten.

Es gibt Wörter mit **Doppelkonsonant**. Hier stehen zwei gleiche Konsonanten hintereinander. Der Vokal davor hört sich kurz an. Schwinge die Silben: Pu**pp**e, Wa**ss**er

Schreibe die Nomen. Zeichne Silbenbögen.

Affe

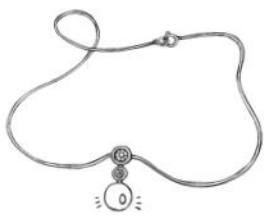

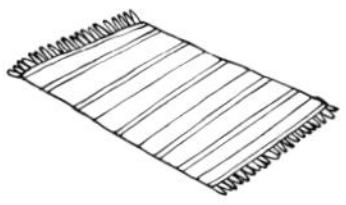

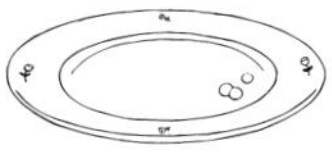

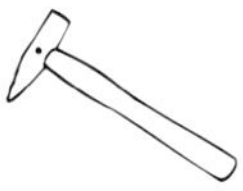

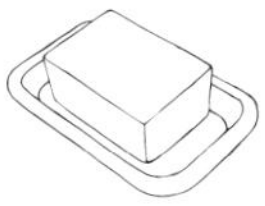

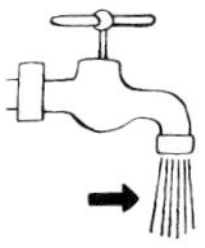

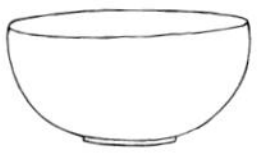

Kreise die Doppelkonsonanten ein.

© Verlag an der Ruhr | Autorin: Saskia Kistner | ISBN 978-3-8346-3900-4 | www.verlagruhr.de

Wörter mit Doppelkonsonant (2/4)

Oft hörst du erst in der **Mehrzahl** den Doppelkonsonanten, zum Beispiel:

das Blatt die Blätter

Bilde die Mehrzahl. Zeichne Silbenbögen.
Kreise die Doppelkonsonanten ein.

ein Schiff – viele Schiffe

ein Blatt – viele

ein Ball – viele

ein Bett – viele

eine Nuss – viele

Bilde die Einzahl. Kreise die Doppelkonsonanten ein.

viele Männer – ein Mann

viele Herren – ein

viele Küsse – ein

viele Lämmer – ein

viele Risse – ein

© Verlag an der Ruhr | Autorin: Saskia Kistner | ISBN 978-3-8346-3900-4 | www.verlagruhr.de

Wörter mit Doppelkonsonant (3/4)

Viele Verben schreibst du mit Doppelkonsonant.
Du hörst ihn aber nicht in jeder Form.
Trick: Suche die **Grundform**, so hörst du ihn. Zum Beispiel:

du re**nn**st – re**nn**en   er schwi**mm**t – schwi**mm**en

Suche die Grundform. Zeichne Silbenbögen.
Kreise den Doppelkonsonanten ein.

du fällst –	fallen	ihr kommt –	
er füllt –		er stellt –	
sie rennt –		du sollst –	

Schreibe die Verben in der richtigen Form.
Achtung: Der Doppelkonsonant bleibt bestehen.

	essen	können	lassen
ich	esse		
du			
er/sie/es			
wir			
ihr			
sie			

© Verlag an der Ruhr | Autorin: Saskia Kistner | ISBN 978-3-8346-3900-4 | www.verlagruhr.de

Wörter mit Doppelkonsonant (4/4)

Finde die 12 Wörter mit Doppelkonsonant. Schreibe auf. Kreise den Doppelkonsonanten ein.

W	A	U	Q	P	F	L	Ü	S	S	I	G	K	D	A	N	N	H
E	E	B	I	V	X	T	O	B	U	D	L	P	G	G	R	B	P
N	X	C	M	W	F	A	N	B	W	D	O	S	T	I	L	L	Q
N	X	K	M	V	I	L	I	L	D	D	T	U	O	U	Z	K	K
P	J	Z	E	J	T	L	B	O	S	C	H	N	E	L	L	H	B
A	T	F	R	E	G	E	G	O	I	W	P	T	W	S	R	L	D
L	A	F	B	K	N	I	F	V	O	L	L	T	W	A	N	N	F
L	N	E	E	W	F	N	G	L	O	Y	F	E	E	W	K	T	A
E	T	T	L	A	U	X	B	D	E	N	N	L	N	H	E	L	L

Lösung: wenn, alle, immer, flüssig, allein, dann, still, schnell, voll, wann, denn, hell

Finde die zusammengesetzten Nomen mit Doppelkonsonant. Schreibe auf. Kreise die Doppelkonsonanten ein.

Wetter	Fall
Stoff	Fell
Wasser	Karte
Winter	Rest

© Verlag an der Ruhr | Autorin: Saskia Kistner | ISBN 978-3-8346-3900-4 | www.verlagruhr.de

Wörter mit ck

Manche Wörter mit dem Laut k sind besonders.
Du sprichst „k“, aber du musst ck schreiben.
Ck ist eigentlich kk, also auch ein Doppelkonsonant.
Vor ck ist immer ein **kurzer Vokal**, zum Beispiel:

der We**ck**er, sti**ck**en

Welche Silben gehören zusammen? Verbinde.

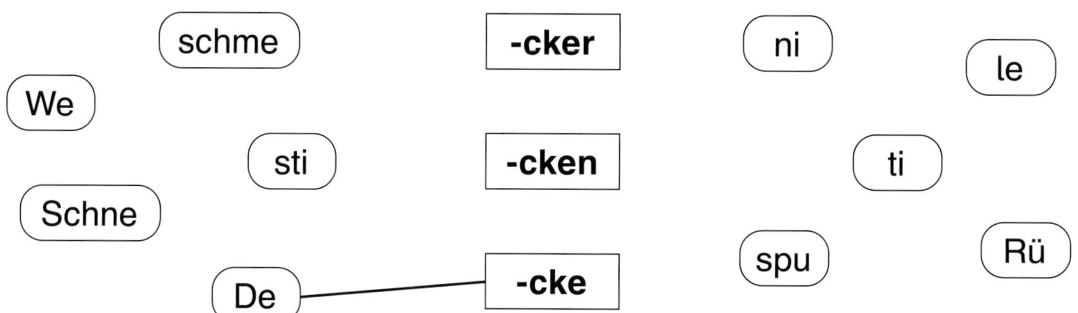

Schreibe die Wörter auf. Kreise ck ein.
Setze einen Punkt unter den kurzen Vokal vor ck.

Decke

Welche ck-Wörter passen in die Lücken? Ordne ein.

Dackel – Stück – Zucker – Bäcker – Fleck – Rock – Glück

Eva geht mit ihrem .... Gassi. Sie holt sich beim ....

einen Tee mit .... Eva schüttet Tee auf ihren ....

Zum .... ist da nur ein kleiner ....

Sie spazieren noch ein .... weiter.

© Verlag an der Ruhr | Autorin: Saskia Kistner | ISBN 978-3-8346-3900-4 | www.verlagruhr.de

Doppelkonsonanten

Wörter mit tz

Manche Wörter mit dem Laut z sind besonders.
Du sprichst „z“, aber du musst tz schreiben.
Tz ist eigentlich zz, also auch ein Doppelkonsonant.
Vor tz ist immer ein **kurzer Vokal**, zum Beispiel:

die Kạ**tz**e, krạ**tz**en

 **Finde alle Wörter mit tz und schreibe sie auf.**

Kreise tz ein. Setze einen Punkt unter den kurzen Vokal vor tz.

die Glatze die Anzahl der Zug schwitzen
die Hitze sitzen die Polizei putzen
die Spritze kitzeln spitz der Arzt

die Glạ(tz)e,

Finde die 7 Wörter mit tz. Schreibe in dein Heft.
Kreise tz ein. Setze einen Punkt unter den kurzen Vokal vor tz.

X	I	H	P	V	W	X	G	S	I	O	D	E	V	X	Q	W	P
M	L	O	X	Y	W	E	W	A	Z	N	E	T	Z	K	U	V	J
J	S	P	A	T	Z	B	T	T	O	G	Y	F	U	Z	D	X	E
Z	L	E	K	H	L	X	N	Z	N	E	B	L	I	T	Z	X	T
W	P	L	A	T	Z	I	H	L	C	N	Y	O	M	Z	J	U	Z
F	L	G	Y	K	K	P	M	E	T	Z	G	E	R	Q	Q	Y	T

Lösung: Spatz, Platz, Satz, Netz, Blitz, Metzger, jetzt

© Verlag an der Ruhr | Autorin: Saskia Kistner | ISBN 978-3-8346-3900-4 | www.verlagruhr.de

Wörter mit Bl/bl und Br/br am Anfang

Beginnt ein Wort mit **bl** oder **br**? **Sprich deutlich**, dann hörst du es!

 **Kreise bl blau und br braun ein.**

bremsen – Blatt – breit – bleiben – Blume – blühen – Blüte – brauchen

braten – bringen – Brot – Brief – Bruder – Blitz – Blut – brennen – bluten

Block – bleich – braun – Bluse – brechen – Blech – blinzeln – blond

 **Schreibe die Wörter geordnet in dein Heft:**

Bl/bl: Blatt … Br/br: bremsen …

 **Beginnt das Wort mit Bl/bl oder Br/br? Trage ein.**
Findest du das Lösungswort?

Gero hat eine ....ase am Zeh.	Bl (B)	Br (D)
Der Schaum ....ennt in den Augen!	bl (U)	br (L)
Wo ist ....oß mein Radiergummi?	bl (U)	br (N)
Dieser ....ick vom Gipfel ist toll!	Bl (M)	Br (S)
Herr Weimer ist leider ....ind.	bl (E)	br (A)
Der ....unnen ist sehr tief.	Bl (M)	Br (N)
Die Henne ....ütet im Stall.	bl (T)	br (K)
Das finde ich aber ....öd!	bl (O)	br (E)
Ich ....auche ein neues Heft.	bl (P)	br (H)
Du bist sehr ....ass.	bl (L)	br (R)

Lösungswort: 

© Verlag an der Ruhr | Autorin: Saskia Kistner | ISBN 978-3-8346-3900-4 | www.verlagruhr.de

Wörter mit -el, -en und -er am Ende

Bei Wörtern mit **-el**, **-en** und **-er** am Ende hörst du das e oft nicht, zum Beispiel:

der Ig**el**, ess**en**, die Blätt**er**

Sprich deutlich und schwinge die Wörter. Dann hörst du die Endung besser!

Wie enden die Wörter? Sprich sie deutlich und schreibe sie in die Tabelle.

~~Pudel~~ – Boden – Kuchen – Kalender – Nebel – baden – Feder – Fenster – kochen – Bruder – Körper – Tochter – Wurzel – Onkel – aber – Besen – Apfel – Gabel – Wagen – Ofen – dunkel

-el	-en	-er
Pudel		

Finde mit einem Partner noch mehr Wörter mit -el, -en und -er. Schreibe sie geordnet in dein Heft.

© Verlag an der Ruhr | Autorin: Saskia Kistner | ISBN 978-3-8346-3900-4 | www.verlagruhr.de

Wörter mit -d und -t am Ende

Am Ende von vielen Wörtern hörst du t, musst aber d schreiben.
Verlängere das Wort, dann kannst du **d** und **t** deutlich hören.
Zum Beispiel:

der Stran**d** – die Strän**d**e, al**t** – äl**t**er, der San**d** – san**d**ig

Fülle die Tabelle aus.
Zeichne Silbenbögen unter das verlängerte Wort.

d oder t?	verlängertes Wort	so schreibe ich
frem d	fremde	fremd
Aben		
Zei		
Kin		
Gel		
bun		
Fel		
Bil		
kal		

Finde weitere Wörter mit -d und -t. Schreibe in dein Heft.
Mache die Verlängerungsprobe.

© Verlag an der Ruhr | Autorin: Saskia Kistner | ISBN 978-3-8346-3900-4 | www.verlagruhr.de

Wörter mit -b und -p am Ende

Am Ende von vielen Wörtern hörst du p, musst aber b schreiben. **Verlängere das Wort**, dann kannst du **p** und **b** deutlich hören. Zum Beispiel:

der Kor**b** – die Kör**be**, gel**b** – gel**be**, der Stau**b** – stau**bi**g

Fülle die Tabelle aus.
Zeichne Silbenbögen unter das verlängerte Wort.

b oder p?	verlängertes Wort	so schreibe ich
tau b	taube	taub
Lo		
lie		
plum		
Die		
Kal		
gro		
Horosko		
Rau		

Finde weitere Wörter mit -b und -p. Schreibe in dein Heft.
Mache die Verlängerungsprobe.

© Verlag an der Ruhr | Autorin: Saskia Kistner | ISBN 978-3-8346-3900-4 | www.verlagruhr.de

Wörter mit -g und -k am Ende

Am Ende von vielen Wörtern hörst du k, musst aber g schreiben.
Verlängere das Wort, dann kannst du **k** und **g** deutlich hören.
Zum Beispiel:

der Ta**g** – die Ta**g**e, kran**k** – kran**k**e, das Geträn**k** – die Geträn**k**e

Fülle die Tabelle aus.
Zeichne Silbenbögen unter das verlängerte Wort.

g oder k?	verlängertes Wort	so schreibe ich
Ban k	Bänke	Bank
richti		
Sie		
Dan		
ferti		
Flu		
We		
Käfi		
Bur		

Finde weitere Wörter mit -g und -k. Schreibe in dein Heft.
Mache die Verlängerungsprobe.

© Verlag an der Ruhr | Autorin: Saskia Kistner | ISBN 978-3-8346-3900-4 | www.verlagruhr.de

Gemischte Übungen

Schreibe die Nomen auf. Achte auf die Endungen.
Tipp: Bei manchen Wörtern hilft dir der Verlängerungs-Trick.

Hund

Aufgaben-Icon(s): © Verlag an der Ruhr; alle anderen Illustrationen: © Anja Boretzki

© Verlag an der Ruhr | Autorin: Saskia Kistner | ISBN 978-3-8346-3900-4 | www.verlagruhr.de

Wörter mit x

In dem Wimmelbild verstecken sich 4 Wörter mit x. Kannst du sie alle entdecken? Schreibe auf. Kreise x ein.

Schreibe mit jedem x-Wort einen Satz in dein Heft.

Löse das Rätsel. Schreibe die x-Wörter auf.

Darin kannst du etwas nachschlagen.

Viele Sätze ergeben einen …

Damit fällt man einen Baum.

Du besuchst den Arzt in seiner …

Eine Meerjungfrau ist eine …

Das ist ein männlicher Vorname mit 3 Buchstaben.

Lösung: Lexikon, Text, Axt, Praxis, Nixe, Max

Aufgaben-Icon(s): © Verlag an der Ruhr; alle anderen Illustrationen: © Anja Boretzki

Laute, die wie x klingen: ks, gs, chs und cks

In vielen Wörtern hörst du „x“, musst aber andere Buchstaben schreiben:
ks, **gs**, **chs** und **cks**.
Zum Beispiel: der Ke**ks**, unterwe**gs**, der Fu**chs**, der Kle**cks**

Merke dir die Wörter besonders gut!

Wo hörst du x? Kreise ein: ks, gs, chs und cks.

Wie viele x-Laute findest du in jedem Satz? Schreibe die Zahl auf die Linien.

Im Stall stehen der Ochse und der Hengst. ....

Die Dienerin macht einen Knicks. ....

Erwachsene essen gern Lachs und lieben Kekse. ....

Die Achse des Autos bricht unterwegs. ....

Links sehe ich sechs Eidechsen. ....

Warum verwechselst du Fuchs und Dachs? ....

Das Wachs macht Kleckse auf den Tisch. ....

Oma lässt im Herbst die Reifen am Auto wechseln. ....

Nächstes Jahr wachse ich weiter. ....

Die Tannennadeln piksen Yannik. ....

Kannst du mir ein paar Tricks zeigen? ....

Insgesamt sind es

ks: .... gs: .... chs: .... cks: ....

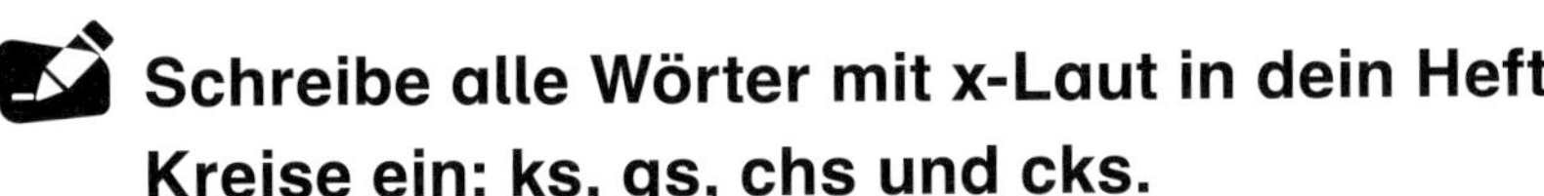

Schreibe alle Wörter mit x-Laut in dein Heft. Kreise ein: ks, gs, chs und cks.

Wähle je zwei Wörter mit ks, gs, chs und cks aus. Schreibe zu jedem Wort einen eigenen Satz in dein Heft.

© Verlag an der Ruhr | Autorin: Saskia Kistner | ISBN 978-3-8346-3900-4 | www.verlagruhr.de

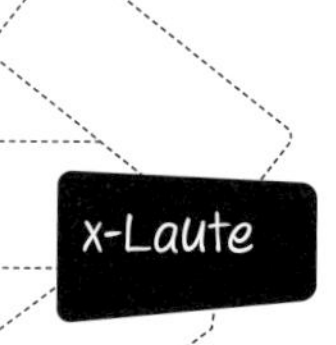

Puzzle: Wörter mit x-Laut

Welche Schreibweise ist richtig? Trage ein.

Ke .... ks (6) gs (4)	**we** .... **eln** chs (2) x (5)	**Te** .... **t** chs (2) x (7)	**Wa** .... chs (4) gs (1)
Pra .... **is** ks (2) x (3)	**Hen** .... **t** x (8) gs (10)	**lin** .... ks (11) chs (6)	**He** .... **e** gs (7) x (9)
A .... **t** ks (3) x (12)	**unterwe** .... ks (11) gs (5)	**Fu** .... ks (2) chs (8)	**Bo** .... **er** chs (7) x (1)

Schneide die Puzzle-Teile aus. Klebe sie auf den richtigen Platz.

© Verlag an der Ruhr | Autorin: Saskia Kistner | ISBN 978-3-8346-3900-4 | www.verlagruhr.de

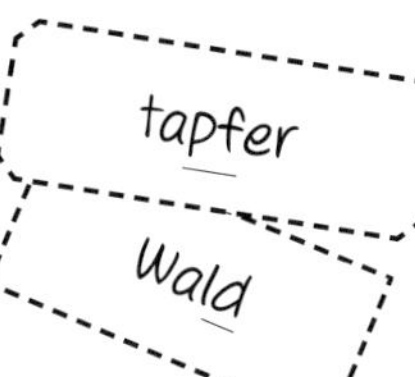

Wörterliste (1/9)

Welche Wörter kannst du schon richtig schreiben? Kreuze an. Markiere die schwierigen Stellen.

A

- ☐ der Abend, die Abende
- ☐ das Abenteuer, die Abenteuer
- ☐ aber
- ☐ die Achse, die Achsen
- ☐ der Affe, die Affen
- ☐ alle
- ☐ allein
- ☐ die Angel, die Angeln
- ☐ die Angst, die Ängste
- ☐ der Apfel, die Äpfel
- ☐ der Ärger
- ☐ der Ast, die Äste
- ☐ auch
- ☐ auf
- ☐ die Aufgabe, die Aufgaben
- ☐ das Auge, die Augen
- ☐ der August
- ☐ aus
- ☐ das Auto, die Autos
- ☐ die Axt, die Äxte

B

- ☐ der Bäcker, die Bäcker
- ☐ baden
- ☐ der Ball, die Bälle
- ☐ die Banane, die Bananen
- ☐ die Bank, die Bänke
- ☐ der Bär, die Bären
- ☐ der Bauch, die Bäuche
- ☐ bauen
- ☐ der Bauer, die Bauern
- ☐ der Baum, die Bäume
- ☐ das Bein, die Beine
- ☐ der Besen, die Besen
- ☐ das Bett, die Betten
- ☐ die Beule, die Beulen
- ☐ die Beute
- ☐ der Beutel, die Beutel
- ☐ das Bild, die Bilder
- ☐ die Birne, die Birnen
- ☐ die Blase, die Blasen
- ☐ blass

© Verlag an der Ruhr | Autorin: Saskia Kistner | ISBN 978-3-8346-3900-4 | www.verlagruhr.de

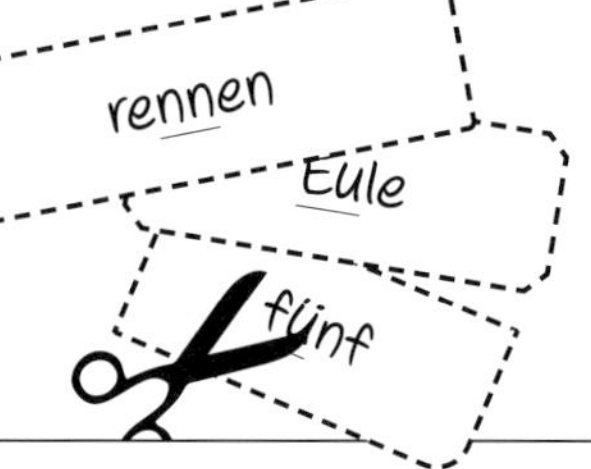

Wörterliste (2/9)

- ☐ das Blatt, die Blätter
- ☐ blau
- ☐ das Blech, die Bleche
- ☐ bleiben
- ☐ bleich
- ☐ der Blick, die Blicke
- ☐ blind
- ☐ blinzeln
- ☐ der Blitz, die Blitze
- ☐ der Block, die Blöcke
- ☐ blöd
- ☐ blond
- ☐ bloß
- ☐ blühen
- ☐ die Blume, die Blumen
- ☐ die Bluse, die Blusen
- ☐ das Blut
- ☐ die Blüte, die Blüten
- ☐ bluten
- ☐ der Boden, die Böden
- ☐ böse
- ☐ der Boxer, die Boxer
- ☐ braten
- ☐ brauchen
- ☐ braun
- ☐ brechen
- ☐ breit
- ☐ bremsen
- ☐ brennen
- ☐ der Brief, die Briefe
- ☐ bringen
- ☐ das Brot, die Brote
- ☐ der Bruder, die Brüder
- ☐ der Brunnen, die Brunnen
- ☐ brüten
- ☐ das Buch, die Bücher
- ☐ bunt
- ☐ die Burg, die Burgen
- ☐ die Butter

D

- ☐ das Dach, die Dächer
- ☐ der Dachs, die Dachse
- ☐ der Dackel, die Dackel
- ☐ der Dampf, die Dämpfe
- ☐ dampfen
- ☐ der Dank
- ☐ danken
- ☐ dann
- ☐ der Daumen, die Daumen
- ☐ die Decke, die Decken
- ☐ der Delfin, die Delfine
- ☐ denken
- ☐ denn
- ☐ der Dieb, die Diebe
- ☐ das Dorf, die Dörfer

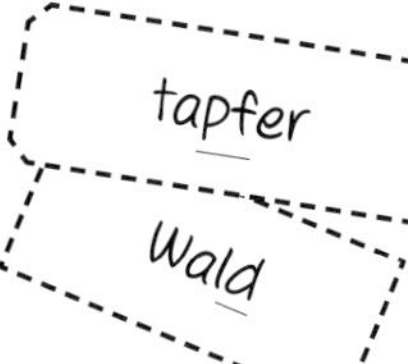

Wörterliste (3/9)

- ☐ die Dose, die Dosen
- ☐ der Duft, die Düfte
- ☐ dunkel
- ☐ dürfen

E

- ☐ das Efeu
- ☐ die Eiche, die Eichen
- ☐ das Eichhörnchen, die Eichhörnchen
- ☐ die Eidechse, die Eidechsen
- ☐ der Eimer, die Eimer
- ☐ das Eis
- ☐ das Eisen, die Eisen
- ☐ der Elefant, die Elefanten
- ☐ eng
- ☐ der Engel, die Engel
- ☐ erwachsen
- ☐ erzählen
- ☐ der Esel, die Esel
- ☐ essen
- ☐ die Eule, die Eulen
- ☐ der Euro, die Euros
- ☐ der Euter, die Euter

F

- ☐ fallen
- ☐ die Familie, die Familien
- ☐ fangen
- ☐ die Farbe, die Farben
- ☐ die Feder, die Federn
- ☐ das Feld, die Felder
- ☐ das Fenster, die Fenster
- ☐ fertig
- ☐ das Fest, die Feste
- ☐ das Feuer, die Feuer
- ☐ der Finger, die Finger
- ☐ der Fisch, die Fische
- ☐ der Fleck, die Flecken
- ☐ der Flug, die Flüge
- ☐ der Flügel, die Flügel
- ☐ flüssig
- ☐ das Foto, die Fotos
- ☐ die Frau, die Frauen
- ☐ der Freitag, die Freitage
- ☐ fremd
- ☐ die Freude, die Freuden
- ☐ der Frosch, die Frösche
- ☐ der Frühling
- ☐ der Fuchs, die Füchse
- ☐ füllen
- ☐ fünf
- ☐ für

G

- ☐ die Gabel, die Gabeln
- ☐ der Garten, die Gärten

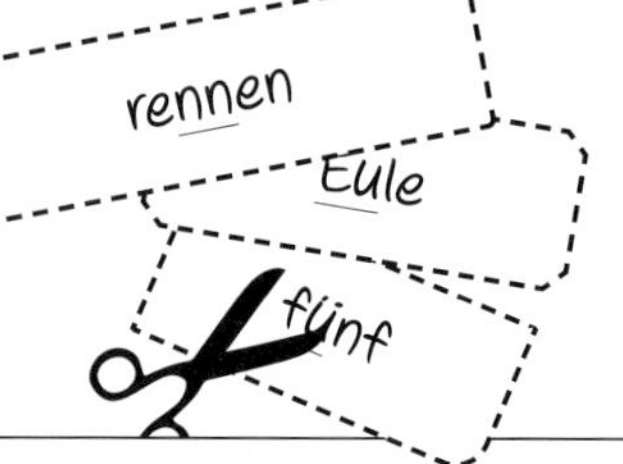

Wörterliste (4/9)

- ☐ das Gehege, die Gehege
- ☐ der Geist, die Geister
- ☐ das Geld, die Gelder
- ☐ das Gemüse
- ☐ das Gesicht, die Gesichter
- ☐ die Giraffe, die Giraffen
- ☐ das Glas, die Gläser
- ☐ die Glatze, die Glatzen
- ☐ das Glück
- ☐ grob
- ☐ grün
- ☐ die Gurke, die Gurken

H

- ☐ der Hammer, die Hämmer
- ☐ die Hand, die Hände
- ☐ der Hase, die Hasen
- ☐ das Haus, die Häuser
- ☐ die Haut, die Häute
- ☐ hell
- ☐ das Hemd, die Hemden
- ☐ der Hengst, die Hengste
- ☐ der Herr, die Herren
- ☐ das Herz, die Herzen
- ☐ heute
- ☐ die Hexe, die Hexen
- ☐ die Hitze
- ☐ hören
- ☐ das Horoskop, die Horoskope
- ☐ die Hose, die Hosen
- ☐ der Hund, die Hunde
- ☐ der Hunger
- ☐ hüpfen
- ☐ der Hut, die Hüte

I

- ☐ der Igel, die Igel
- ☐ immer
- ☐ das Instrument, die Instrumente

J

- ☐ jagen
- ☐ jetzt
- ☐ jung
- ☐ der Junge, die Jungen

K

- ☐ der Käfer, die Käfer
- ☐ der Käfig, die Käfige
- ☐ das Kalb, die Kälber
- ☐ der Kalender, die Kalender
- ☐ kalt
- ☐ die Kälte
- ☐ der Kampf, die Kämpfe
- ☐ die Kanne, die Kannen
- ☐ die Karte, die Karten

© Verlag an der Ruhr | Autorin: Saskia Kistner | ISBN 978-3-8346-3900-4 | www.verlagruhr.de

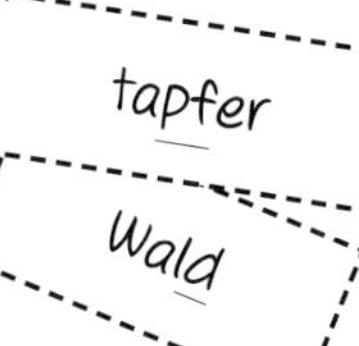

Wörterliste (5/9)

- ☐ die Kasse, die Kassen
- ☐ kaufen
- ☐ der Keks, die Kekse
- ☐ die Kette, die Ketten
- ☐ die Keule, die Keulen
- ☐ das Kind, die Kinder
- ☐ die Kirsche, die Kirschen
- ☐ kitzeln
- ☐ der Klecks, die Kleckse
- ☐ das Kleid, die Kleider
- ☐ klingeln
- ☐ der Knicks, die Knickse
- ☐ kochen
- ☐ der Koffer, die Koffer
- ☐ kommen
- ☐ der König, die Könige
- ☐ können
- ☐ der Kopf, die Köpfe
- ☐ der Korb, die Körbe
- ☐ der Körper, die Körper
- ☐ krank
- ☐ die Kreide, die Kreiden
- ☐ der Kuchen, die Kuchen
- ☐ die Kugel, die Kugeln
- ☐ der Kuss, die Küsse

L

- ☐ lachen
- ☐ der Lachs, die Lachse
- ☐ das Lamm, die Lämmer
- ☐ das Land, die Länder
- ☐ lang
- ☐ langsam
- ☐ lassen
- ☐ laufen
- ☐ laut
- ☐ lecken
- ☐ lecker
- ☐ die Leiter, die Leitern
- ☐ lenken
- ☐ lesen
- ☐ der Leuchtturm, die Leuchttürme
- ☐ das Lexikon, die Lexika
- ☐ das Licht, die Lichter
- ☐ lieb
- ☐ links
- ☐ das Lob
- ☐ das Loch, die Löcher
- ☐ der Löwe, die Löwen
- ☐ die Lupe, die Lupen

Wörterliste (6/9)

M

- ☐ das Mädchen, die Mädchen
- ☐ der Mann, die Männer
- ☐ der März
- ☐ die Maus, die Mäuse
- ☐ der Metzger, die Metzger
- ☐ der Mixer, die Mixer
- ☐ der Mund, die Münder
- ☐ müssen

N

- ☐ nächster
- ☐ die Nacht, die Nächte
- ☐ der Nagel, die Nägel
- ☐ der Name, die Namen
- ☐ der Napf, die Näpfe
- ☐ die Nase, die Nasen
- ☐ der Nebel
- ☐ das Nest, die Nester
- ☐ das Netz, die Netze
- ☐ neun
- ☐ nicken
- ☐ die Nixe, die Nixen
- ☐ die Nuss, die Nüsse

O

- ☐ der Ochse, die Ochsen
- ☐ der Ofen, die Öfen
- ☐ das Öl, die Öle
- ☐ der Onkel, die Onkel

P

- ☐ der Papa, die Papas
- ☐ die Pause, die Pausen
- ☐ der Pfau, die Pfauen
- ☐ der Pfeffer
- ☐ pfeifen
- ☐ der Pfeil, die Pfeile
- ☐ das Pferd, die Pferde
- ☐ die Pflanze, die Pflanzen
- ☐ das Pflaster, die Pflaster
- ☐ die Pflaume, die Pflaumen
- ☐ pflegen
- ☐ pflücken
- ☐ piksen
- ☐ der Pinsel, die Pinsel
- ☐ der Platz, die Plätze
- ☐ plump
- ☐ die Praxis, die Praxen
- ☐ der Pudel, die Pudel
- ☐ die Puppe, die Puppen
- ☐ putzen

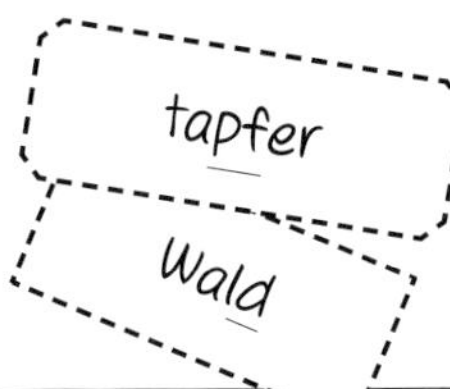

Wörterliste (7/9)

R

- ☐ der Rabe, die Raben
- ☐ das Rad, die Räder
- ☐ die Rakete, die Raketen
- ☐ der Räuber, die Räuber
- ☐ die Raupe, die Raupen
- ☐ die Reihe, die Reihen
- ☐ der Reis
- ☐ der Reiter, die Reiter
- ☐ rennen
- ☐ der Retter, die Retter
- ☐ richtig
- ☐ der Ring, die Ringe
- ☐ der Riss, die Risse
- ☐ der Rock, die Röcke
- ☐ die Rose, die Rosen
- ☐ der Rücken, die Rücken

S

- ☐ der Saft, die Säfte
- ☐ der Salat, die Salate
- ☐ der Sand
- ☐ der Satz, die Sätze
- ☐ die Sau, die Säue
- ☐ das Schaf, die Schafe
- ☐ schauen
- ☐ die Schaukel, die Schaukeln
- ☐ schenken
- ☐ das Schiff, die Schiffe
- ☐ die Schildkröte, die Schildkröten
- ☐ schimpfen
- ☐ die Schlange, die Schlangen
- ☐ schlau
- ☐ der Schlauch, die Schläuche
- ☐ schmecken
- ☐ der Schnabel, die Schnäbel
- ☐ die Schnecke, die Schnecken
- ☐ schnell
- ☐ schön
- ☐ der Schrank, die Schränke
- ☐ die Schraube, die Schrauben
- ☐ die Schüssel, die Schüsseln
- ☐ schwitzen
- ☐ sechs
- ☐ die Seife, die Seifen
- ☐ das Seil, die Seile
- ☐ die Seite, die Seiten
- ☐ der Sieg, die Siege
- ☐ sitzen
- ☐ sollen
- ☐ die Sonne, die Sonnen
- ☐ sparen
- ☐ spät
- ☐ der Spatz, die Spatzen

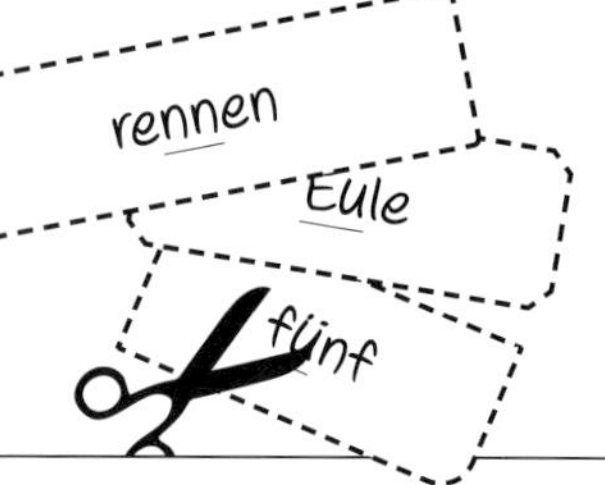

Wörterliste (8/9)

- ☐ der Specht, die Spechte
- ☐ der Spiegel, die Spiegel
- ☐ das Spiel, die Spiele
- ☐ spielen
- ☐ die Spinne, die Spinnen
- ☐ spitz
- ☐ der Sport
- ☐ sprechen
- ☐ die Spritze, die Spritzen
- ☐ spucken
- ☐ die Stange, die Stangen
- ☐ stehen
- ☐ der Stein, die Steine
- ☐ stellen
- ☐ sticken
- ☐ der Stiefel, die Stiefel
- ☐ der Stiel, die Stiele
- ☐ der Stift, die Stifte
- ☐ still
- ☐ stinken
- ☐ der Stock, die Stöcke
- ☐ stoppen
- ☐ der Storch, die Störche
- ☐ die Straße, die Straßen
- ☐ der Strauch, die Sträucher
- ☐ der Strauß, die Sträuße
- ☐ der Streifen, die Streifen
- ☐ der Strumpf, die Strümpfe
- ☐ das Stück, die Stücke
- ☐ der Stuhl, die Stühle
- ☐ die Stunde, die Stunden
- ☐ der Sumpf, die Sümpfe
- ☐ die Suppe, die Suppen

T

- ☐ der Tag, die Tage
- ☐ tanken
- ☐ die Tanne, die Tannen
- ☐ tapfer
- ☐ die Tasse, die Tassen
- ☐ taub
- ☐ die Taube, die Tauben
- ☐ das Taxi, die Taxis
- ☐ der Teller, die Teller
- ☐ der Teppich, die Teppiche
- ☐ teuer
- ☐ der Teufel, die Teufel
- ☐ der Text, die Texte
- ☐ ticken
- ☐ das Tier, die Tiere
- ☐ die Tochter, die Töchter
- ☐ die Tomate, die Tomaten
- ☐ der Ton, die Töne
- ☐ der Topf, die Töpfe
- ☐ der Traum, die Träume
- ☐ der Trick, die Tricks

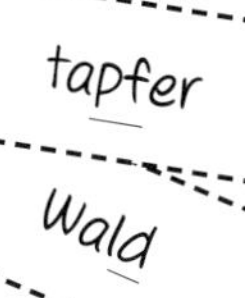

Wörterliste (9/9)

- ☐ trinken
- ☐ die Tür, die Türen

U

- ☐ über
- ☐ die Übung, die Übungen
- ☐ der Uhu, die Uhus
- ☐ unterwegs

V

- ☐ verwechseln
- ☐ voll

W

- ☐ das Wachs
- ☐ wachsen
- ☐ der Wagen, die Wagen
- ☐ der Wald, die Wälder
- ☐ wanken
- ☐ wann
- ☐ das Wasser
- ☐ wechseln
- ☐ der Wecker, die Wecker
- ☐ der Weg, die Wege
- ☐ wenn
- ☐ die Wiese, die Wiesen
- ☐ winken
- ☐ die Woche, die Wochen
- ☐ der Wunsch, die Wünsche
- ☐ wünschen
- ☐ der Wurm, die Würmer
- ☐ die Wurzel, die Wurzeln

Z

- ☐ der Zaun, die Zäune
- ☐ das Zebra, die Zebras
- ☐ die Zehe, die Zehen
- ☐ die Zeit, die Zeiten
- ☐ das Zelt, die Zelte
- ☐ der Zoo, die Zoos
- ☐ der Zopf, die Zöpfe
- ☐ der Zucker, die Zucker
- ☐ der Zuschauer, die Zuschauer
- ☐ der Zwerg, die Zwerge
- ☐ zwölf

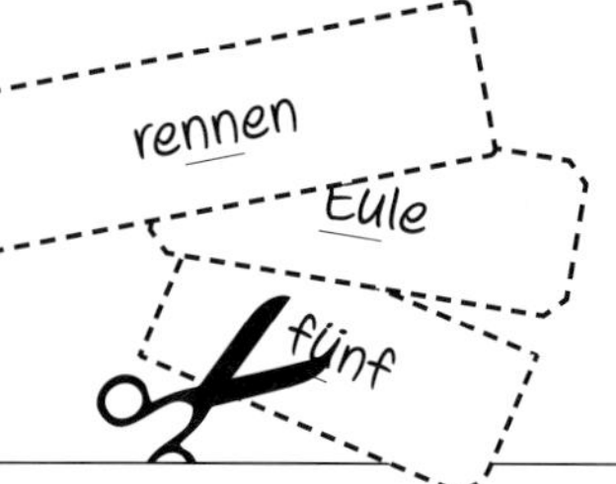

Übung macht den Meister

Welche Wörter bereiten dir noch Schwierigkeiten?
Trage sie in die linke Spalte ein.

Schaue dir die Wörter der Reihe nach genau an.
Knicke nach jedem Wort das Blatt an der Linie nach hinten.
Schreibe das Wort auswendig auf.

Kontrolliere.

Welches Wort möchtest du üben?	Schreibe das Wort auswendig auf.	Schreibe das Wort auswendig auf.

LÖSUNGEN

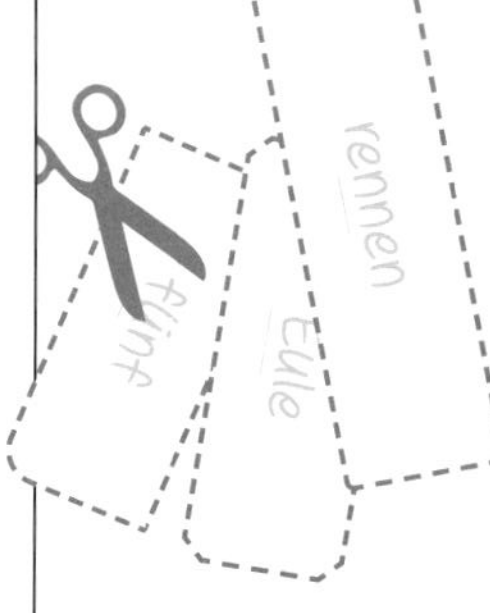

LÖSUNGEN

Großschreibung

Nomen schreibt man groß – Nomen entdecken (1/4)

Nomen sind Wörter für **Menschen, Tiere, Pflanzen, Dinge, Gefühle** und **Ereignisse**. Du kannst sie oft sehen und anfassen. Nomen schreibst du immer **groß**.

Was siehst du auf dem Bild? Schreibe die Nomen auf.

Besen

Hase

Banane

Buch

Hut

Hose

Schau dich um. Was siehst du? Schreibe 5 Nomen auf.

Fallen dir noch weitere Nomen ein?

© Verlag an der Ruhr | Autorin: Saskia Kistner | ISBN 978-3-8346-3900-4 | www.verlagruhr.de

Großschreibung

Nomen schreibt man groß – Nomen und Artikel (2/4)

Zu einem Nomen gehört ein **Artikel**. Er begleitet das Nomen. Der Artikel kann bestimmt oder unbestimmt sein.

bestimmte Artikel:
der Hase
die Hose
das Auto

unbestimmte Artikel:
ein Hase
eine Hose
ein Auto

Welcher bestimmte Artikel passt zum Nomen? Male ihn blau an. Schreibe die Nomen mit Artikel in dein Heft.

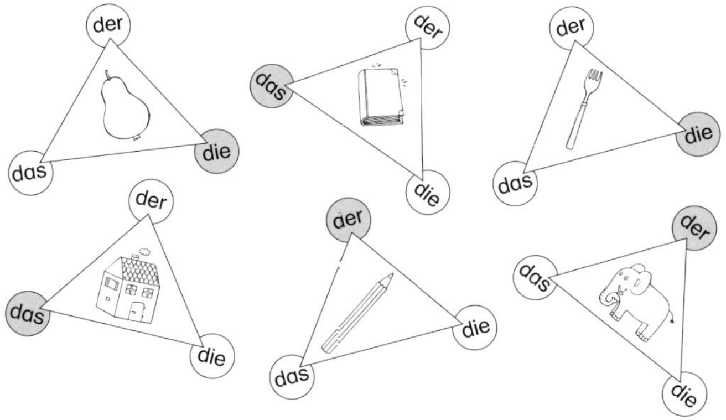

Schreibe die Nomen mit unbestimmtem Artikel.

 eine Banane

 ein Ast

 ein Wurm

 eine Hose

 ein Nagel

 ein Schaf

 ein Brot

 eine Blume

© Verlag an der Ruhr | Autorin: Saskia Kistner | ISBN 978-3-8346-3900-4 | www.verlagruhr.de

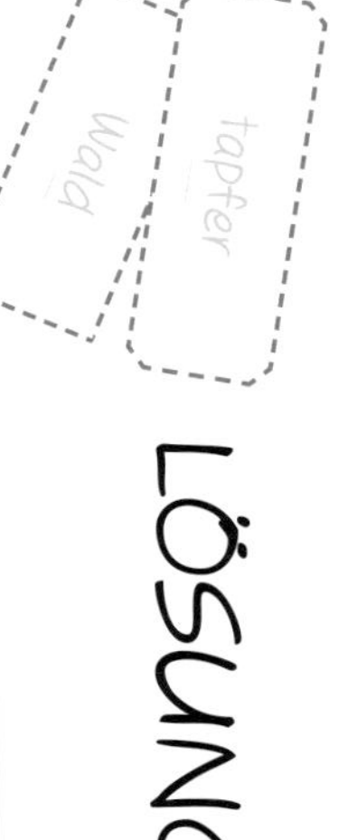

LÖSUNGEN

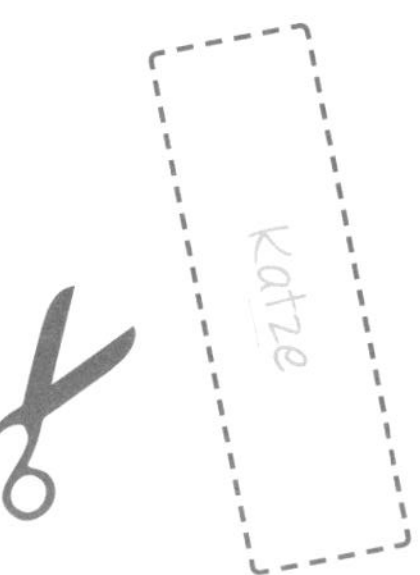

Großschreibung

Nomen schreibt man groß – Einzahl und Mehrzahl (3/4)

Die meisten Nomen kannst du in der **Einzahl** (Singular) und in der **Mehrzahl** (Plural) schreiben:

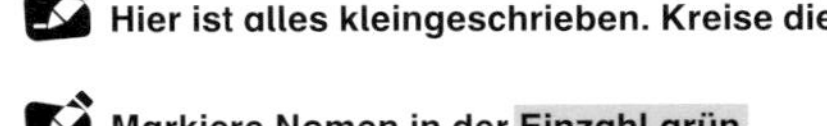

die Ente — die Enten

Hier ist alles kleingeschrieben. Kreise die Nomen ein.

(zebra) – krank – (dose) – blühen – (bilder) – kalt – ein – (esel) – leicht – will – (nasen) – so – tun – sieht – (name) – weit – schön – nach – kaufen – (licht)

Schreibe die Nomen mit Artikel in die richtige Spalte. Ergänze die Einzahl oder die Mehrzahl.

Einzahl (Singular)	Mehrzahl (Plural)
das Zebra	die Zebras
die Dose	die Dosen
das Bild	die Bilder
der Esel	die Esel
die Nase	die Nasen
der Name	die Namen
das Licht	die Lichter

Schreibe noch 5 weitere Einzahl-Mehrzahl-Paare in dein Heft.

© Verlag an der Ruhr | Autorin: Saskia Kistner | ISBN 978-3-8346-3900-4 | www.verlagruhr.de

Großschreibung

Nomen schreibt man groß – Nomen erkennen (4/4)

Hier ist alles kleingeschrieben. Kreise die Nomen ein.

Markiere Nomen in der Einzahl grün und Nomen in der Mehrzahl orange.

Schreibe die Nomen neben die Sätze.

Heute gehen wir mit (papa) in den (zoo).	Papa	Zoo
Wir kaufen an der (kasse) zwei (karten).	Kasse	Karten
Zuerst geht es zu dem (gehege) mit den (affen).	Gehege	Affen
Dann besuchen wir die (löwen) und (bären).	Löwen	Bären
Auf einer (bank) machen wir eine (pause).	Bank	Pause
Es gibt (saft) und (kuchen).	Saft	Kuchen
Danach gehen wir zu der (giraffe) und ihrem (kind).	Giraffe	Kind
Später essen wir noch zwei (kugeln) (eis).	Kugeln	Eis

Schreibe die Sätze richtig in dein Heft.

© Verlag an der Ruhr | Autorin: Saskia Kistner | ISBN 978-3-8346-3900-4 | www.verlagruhr.de

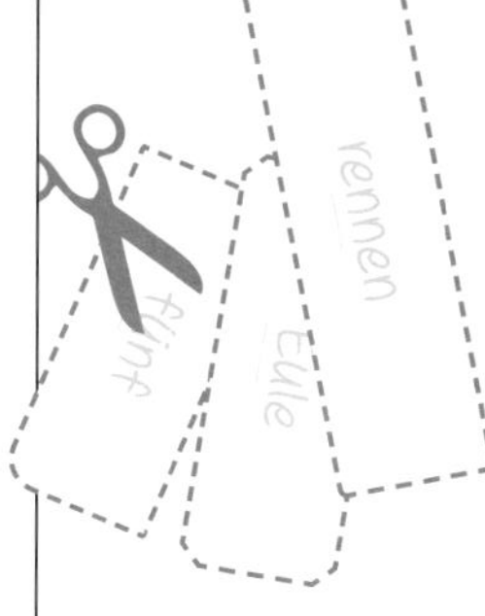

LÖSUNGEN

Großschreibung

Satzanfänge schreibt man groß – Satzanfänge finden (1/2)

Sätze haben einen Anfang und ein Ende.
Am Satzanfang schreibst du immer groß!
Am Ende steht ein Punkt, ein Fragezeichen oder ein Ausrufezeichen.

Unterstreiche das erste Wort im Satz.
Kreise das Satzzeichen am Ende (Punkt) ein.

Im Herbst gibt es oft Wind und Regen.

Eichhörnchen sammeln Nüsse.

Die Blätter fallen von den Bäumen.

Du kannst Kastanien sammeln.

Im Laub verkriechen sich Igel.

Sie halten Winterschlaf.

Im Winter halten die Eichhörnchen Winterruhe. Sie wachen oft auf und haben Hunger. Die Nüsse schmecken besonders gut. Die Eichhörnchen holen die Nüsse aus ihrem Versteck. Die Frösche vergraben sich im Winter im Schlamm. Dort verfallen sie in eine Winterstarre. Sie bewegen sich dann nicht mehr. Im Frühling wachen sie wieder auf.

Trenne die Sätze mit einem Punkt voneinander ab.
Unterstreiche das erste Wort im Satz.
Schreibe die Sätze in dein Heft.

Viele Tiere leben im Winter normal weiter. Im Wald sind das zum Beispiel Wildschweine und Füchse. Im Garten suchen die Vögel nach Futter. Für sie kannst du Körner in ein Vogelhaus legen. Die Vögel freuen sich darüber.

Aufgaben-Icon(s): © Verlag an der Ruhr; alle anderen Illustrationen: © Anja Boretzki

© Verlag an der Ruhr | Autorin: Saskia Kistner | ISBN 978-3-8346-3900-4 | www.verlagruhr.de

Großschreibung

Satzanfänge schreibt man groß – Satzanfänge verbessern (2/2)

Unterstreiche das erste Wort im Satz.
Kreise das Satzzeichen am Ende (Punkt) ein.
Verbessere die Satzanfänge wie im Beispiel.

K karla ist eine Amsel. S sie lebt in einem Nest. E es ist in einer Eiche. D das Nest besteht aus Ästen und Moos. I in einer Astgabel ist es gut versteckt. D die Eiche steht vor der Schule. A auf der Wiese findet Karla Würmer. D die frisst sie besonders gern.

D der Storch Pit lebt auf dem Schuldach. S sein Nest hat er auf dem Kamin gebaut. E es besteht aus Ästen. M man nennt es Horst. D den Winter verbringt Pit im warmen Afrika.

Wie geht die Geschichte weiter?

Aufgaben-Icon(s): © Verlag an der Ruhr; alle anderen Illustrationen: © Anja Boretzki

© Verlag an der Ruhr | Autorin: Saskia Kistner | ISBN 978-3-8346-3900-4 | www.verlagruhr.de

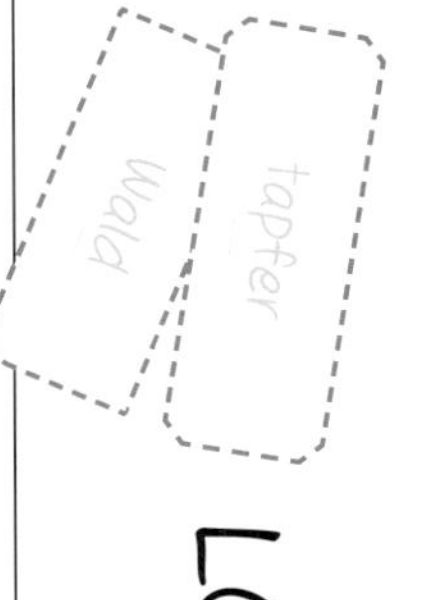

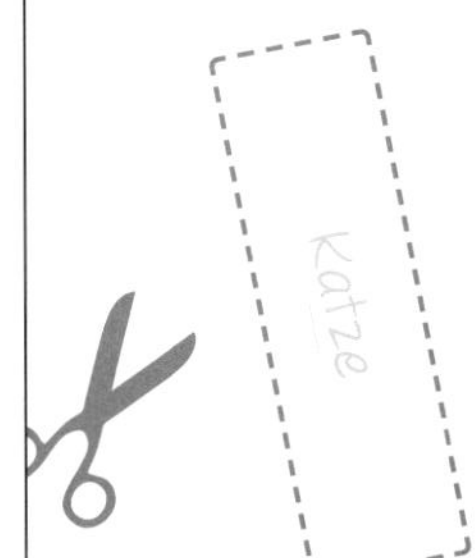

Großschreibung

Gemischte Übungen – Bist du ein Profi?

Du weißt: Nomen und Satzanfänge schreibt man groß.

Unterstreiche die Nomen.
Die Zahl am Ende sagt dir, wie viele du finden musst.

Schreibe die Sätze richtig ab. Achte auf die Satzanfänge.
Unterstreiche die Satzanfänge in deinen Sätzen.

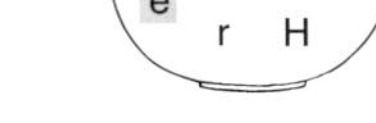

herr meier geht ins kino. (3)

Herr Meier geht ins Kino.

sein freund ole kommt mit. (2)

Sein Freund Ole kommt mit.

sie sitzen in der fünften reihe. (1)

Sie sitzen in der fünften Reihe.

der film handelt von käfern. (2)

Der Film handelt von Käfern.

die tiere leben auf einer wiese. (2)

Die Tiere leben auf einer Wiese.

dort erleben sie ein abenteuer. (1)

Dort erleben sie ein Abenteuer.

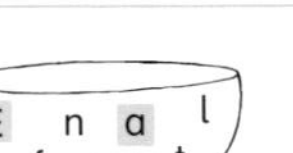

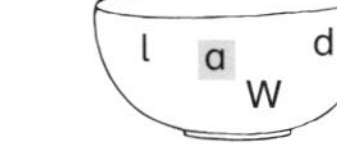

© Verlag an der Ruhr | Autorin: Saskia Kistner | ISBN 978-3-8346-3900-4 | www.verlagruhr.de

Lautgetreues Schreiben

Vokale und Konsonanten unterscheiden

Das ABC besteht aus 26 Buchstaben.
A, E, I, O und **U** nennt man **Vokale**.
Alle anderen Buchstaben heißen **Konsonanten.**

Male Vokale gelb und Konsonanten grün an.

Setze den richtigen Vokal ein.

H u t S a nd F e ld D a ch B a nk Pl a tz T a g
G a rt e n R a k e t e T o m a t e N a s e R a d

Male die Vokale gelb an. Schreibe die Nomen auf.

A t o u | l a W d | e t N s | c F i h s

Auto, Wald, Nest, Fisch

a l t a S | E n a f e t l | i e s r K h c | e r H z

Salat, Elefant, Kirsche, Herz

Nenne 3 Tiere. Male Vokale gelb und Konsonanten grün an.

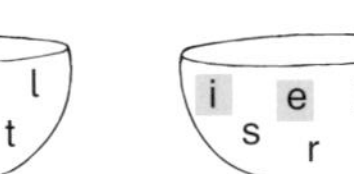

© Verlag an der Ruhr | Autorin: Saskia Kistner | ISBN 978-3-8346-3900-4 | www.verlagruhr.de

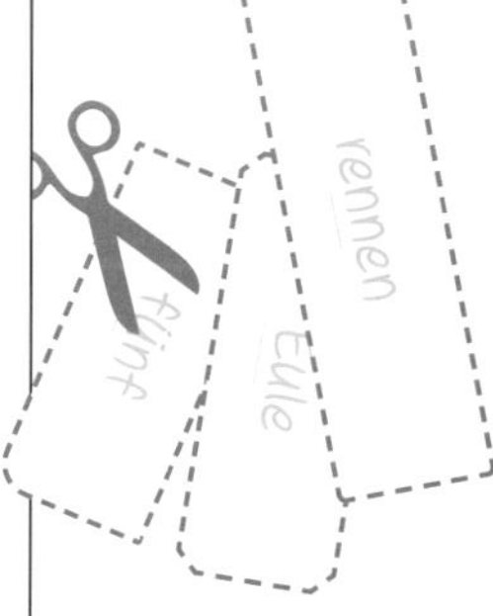

LÖSUNGEN

Lautgetreues Schreiben

Wörter bestehen aus Silben (1/4)

Wörter bestehen aus **Silben**. In jeder Silbe ist **mindestens ein Vokal**.
Er bringt das Wort zum Klingen, zum Beispiel:

zu – M**u**t – T**a**sche – **U**h**u** – r**i**cht**i**g – S**a**l**a**m**i** – T**e**l**e**f**o**n – l**e**s**e**n

Zeichne unter die Wörter Silbenbögen. Male die Vokale gelb an.

Tor sandig uns waschen warten reden lustig in
hoch fertig Kalender Palme Juni Name versuchen

Welche Silben gehören zusammen? Verbinde und schreibe auf. Zeichne unter die Wörter Silbenbögen. Male die Vokale gelb an.

Gur	bel
Ro	ke
Ne	bra
Ze	se

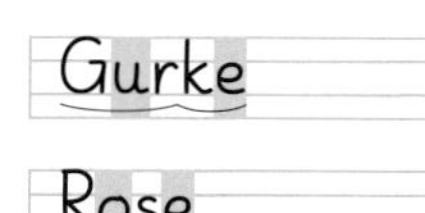

Gurke
Rose
Nebel
Zebra

Errätst du auch diese Nomen? Schreibe auf. Zeichne Silbenbögen und male die Vokale gelb an.

nest – gel – Vo: Vogelnest
gen – Re – gen – bo: Regenbogen
kan – si – Mu – ten: Musikanten

© Verlag an der Ruhr | Autorin: Saskia Kistner | ISBN 978-3-8346-3900-4 | www.verlagruhr.de

Lautgetreues Schreiben

Wörter bestehen aus Silben (2/4)

Du weißt: Wörter bestehen aus Silben. Vokale lassen die Silben klingen.

Trenne die Wörter durch Striche. Schreibe die Wörter auf. Zeichne Silbenbögen. Male die Vokale gelb an.

lachen|Farbe|Uhu|Instrument|Frosch|Woche|Schnabel|lesen|jagen|Rabe

lachen, Farbe, Uhu, Instrument,
Frosch, Woche, Schnabel,
lesen, jagen, Rabe

Löse die Tierrätsel. Die Silben unten helfen dir.

Er lebt im Meer: Delfin
Sie kann sehr alt werden: Schildkröte
Es springt von Baum zu Baum: Eichhörnchen
Er hält Winterschlaf: Igel

krö – Del – chen – Schild – fin – hörn – gel – te – Eich – I

© Verlag an der Ruhr | Autorin: Saskia Kistner | ISBN 978-3-8346-3900-4 | www.verlagruhr.de

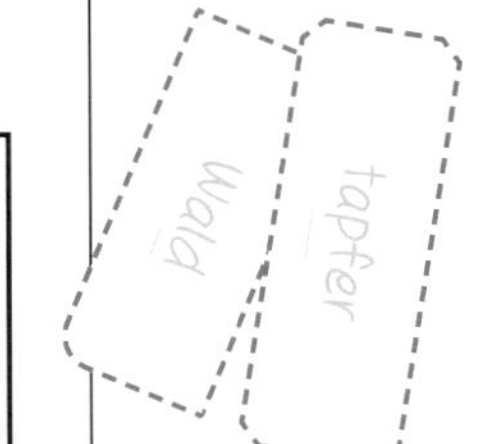

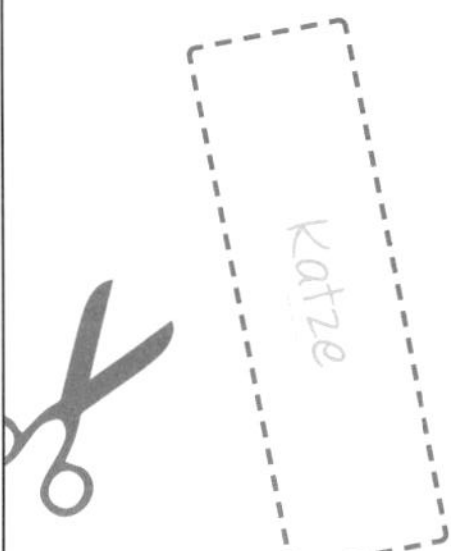

Lautgetreues Schreiben

Wörter bestehen aus Silben (3/4)

Tipp: Sprich beim Schreiben die Silben langsam und deutlich mit. So hörst du meist alle Buchstaben.

Lies die Wörter leise. Zeichne Silbenbögen. Male die Vokale gelb an.

Salamibrote	Tomatensaft	Marmelade	Hasenfutter
Indianerzelt	Lokomotive	Gartenzauntor	Zirkuselefanten
Bananensaft	Naturmuseum	Regenmantel	Schokoladenkuchen

Welche Silben gehören zusammen? Verbinde. Schreibe die Wörter auf.

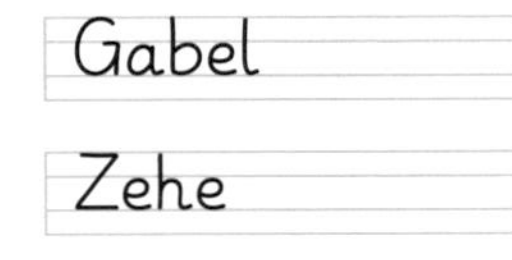

Ga	zel	Gabel
Ze	pe	Zehe
Wur	ge	Wurzel
Lu	bel	Lupe
Ge	me	Gesicht
Au	tag	Auge
Blu	he	Blume
Frei	sicht	Freitag

Schreibe 4 Wörter von Aufgabe 1 in dein Heft. Zeichne Silbenbögen.

© Verlag an der Ruhr | Autorin: Saskia Kistner | ISBN 978-3-8346-3900-4 | www.verlagruhr.de

Lautgetreues Schreiben

Wörter bestehen aus Silben (4/4)

Lies die Sätze leise. Zeichne Silbenbögen. Male die Vokale gelb an.

Heute ist Samstag. Mika und Samu radeln zum Freibad. Sie wollen schwimmen und tauchen. Mika ist schon im Wasser. Er taucht viele Sekunden unter. Samu jubelt. Die Kinder schwimmen zusammen.

Ordne die Silben richtig ein.

se – park – der – ba – en – Schat – chen – ner – Aus – su – ser – ne

Am Wochen en de ma chen die Kin der einen Aus flug in den Tier park . Dort be su chen sie die Nashör ner . Eines ba det im Was ser graben. Das klei ne Nashorn schläft auf der Wie se im Schat ten.

Silbenrätsel für Profis. Achte auf die Großschreibung.

er – schau – zu: Zuschauer

pe – ma –to – ten – sup: Tomatensuppe

schor – ap – saft – fel – le: Apfelsaftschorle

© Verlag an der Ruhr | Autorin: Saskia Kistner | ISBN 978-3-8346-3900-4 | www.verlagruhr.de

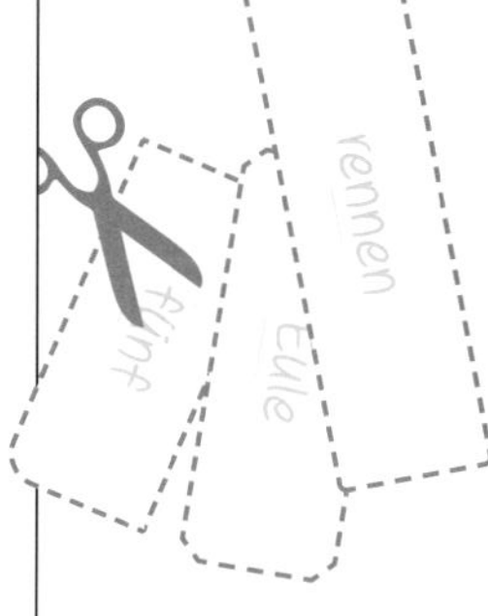

LÖSUNGEN

Anlaute erkennen

Lautgetreues Schreiben

Mit welchen Lauten beginnen die Wörter? Schreibe auf.

DIE ANLAUTBURG

A	E	I	O	U

Ä	L	R	Au
Ö	M	N	Ei
Ü	S	Z	Eu
	D	T	
	G	K	
	W	F	
	B	P	
	Sch	Ch	
	H	J	

Aufgaben-Icon(s): © Verlag an der Ruhr; alle anderen Illustrationen: © Anja Boretzki

© Verlag an der Ruhr | Autorin: Saskia Kistner | ISBN 978-3-8346-3900-4 | www.verlagruhr.de

Der Laut Pf/pf

Besondere Laute

Pf/pf kann am **Wortanfang**, in de- **Wortmitte** und am **Wortende** stehen.
Manchmal klingt es wie ein F/f.
Du kannst hören, ob ein Wort mit Pf/pf geschrieben wird,
wenn du es ganz **deutlich** aussprichst, zum Beispiel: **Pf**au, A**pf**el, Zo**pf**.

Kreise Pf/pf ein. Ordne die Wörter dann richtig zu.

Pfau – Topf – pflücken – pflegen – Kopf – Pfeffer – Pflaume – Apfel – Zopf – Dampf – Pfeil – Kampf – Strumpf – tapfer – Sumpf – Pferd

Pf- und pf- (Wortanfang): Pfau, pflücken, pflegen, Pfeffer, Pflaume, Pfeil, Pferd

-pf- (Wortmitte): Apfel, tapfer

-pf (Wortende): Topf, Kopf, Zopf, Dampf, Kampf, Strumpf, Sumpf

Pf/pf oder F/f? Arbeite mit einem Partner. Jeder wählt eine Zeile. Diktiert euch die Wörter gegenseitig. Sprecht deutlich.

der Napf – schimpfen – das Foto – das Pferd – hüpfen – das Fest
pfeifen – die Frau – die Pflanze – dampfen – das Pflaster – die Familie

Aufgaben-Icon(s): © Verlag an der Ruhr; alle anderen Illustrationen: © Anja Boretzki

© Verlag an der Ruhr | Autorin: Saskia Kistner | ISBN 978-3-8346-3900-4 | www.verlagruhr.de

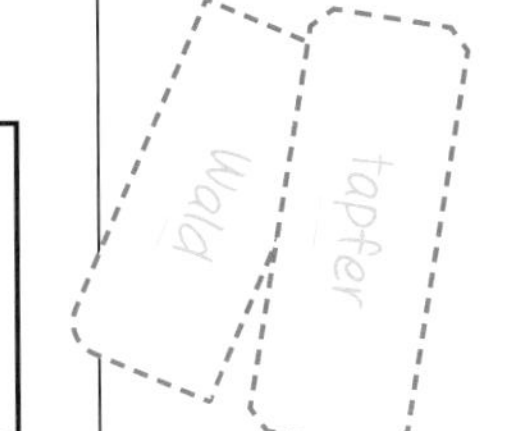

LÖSUNGEN

Besondere Laute – Die Anlaute Sp/sp und St/st (1/2)

Man schreibt für den Laut „sch“ den Buchstaben **s**, wenn die Laute **p** oder **t** folgen, zum Beispiel:

die **Sp**inne der **St**ern

Bilde Nomen mit Sp und St. Kreise St und Sp ein.

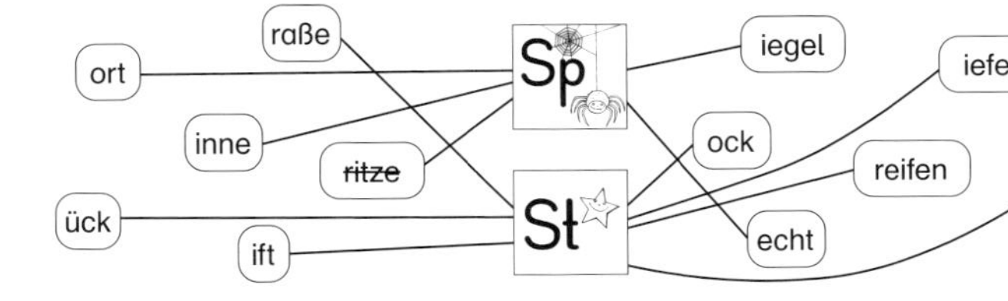

Sp: Spritze, Sport, Spinne, Spiegel, Specht

St: Straße, Stück, Stift, Stiefel, Stock, Streifen, Storch

Finde die 8 Wörter mit St/st und Sp/sp. Schreibe in dein Heft.

W	V	S	J	T	J	S	T	E	I	N	C	G	K	L	J	D
N	P	P	V	S	S	M	H	J	J	K	F	F	S	E	Q	S
S	T	A	G	T	I	S	T	R	U	M	P	F	V	V	T	T
T	R	R	B	A	P	N	H	S	V	A	I	H	K	S	R	U
I	H	E	T	N	L	D	T	S	T	E	L	L	E	N	H	N
L	B	N	A	G	E	F	S	E	Z	Q	F	K	I	A	B	D
L	P	X	S	E	V	B	S	P	R	E	C	H	E	N	P	E

Lösung: still, sparen, Stange, Stein, Strumpf, stellen, sprechen, Stunde

© Verlag an der Ruhr | Autorin: Saskia Kistner | ISBN 978-3-8346-3900-4 | www.verlagruhr.de

Besondere Laute – Die Anlaute Sp/sp und St/st (2/2)

Statt [Spinne] musst du ein Wort mit Sp/sp finden, statt [Stern] ein Wort mit St/st.

~~Spatz~~ – ~~Spiegel~~ – ~~still~~ – ~~Sport~~ – ~~spart~~ – ~~spielen~~ – ~~spricht~~
~~stellt~~ – ~~stehen~~ – ~~Strumpf~~ – ~~Stange~~ – ~~Stiefel~~

Ein [Spinne] sitzt [Stern] auf dem Zweig.	Spatz, still
Opa [Spinne] in einem [Stern] Geld.	spart, Strumpf
Vor der Tür [Stern] unsere [Stern].	stehen, Stiefel
Die Königin [Spinne] mit dem [Spinne].	spricht, Spiegel
Sie [Stern] die [Stern] weg.	stellt, Stange
In [Spinne] [Spinne] wir Fußball.	Sport, spielen

Erfinde Sätze mit vielen Sp/sp- und St/st-Wörtern. Kreise Sp/sp und St/st ein.

© Verlag an der Ruhr | Autorin: Saskia Kistner | ISBN 978-3-8346-3900-4 | www.verlagruhr.de

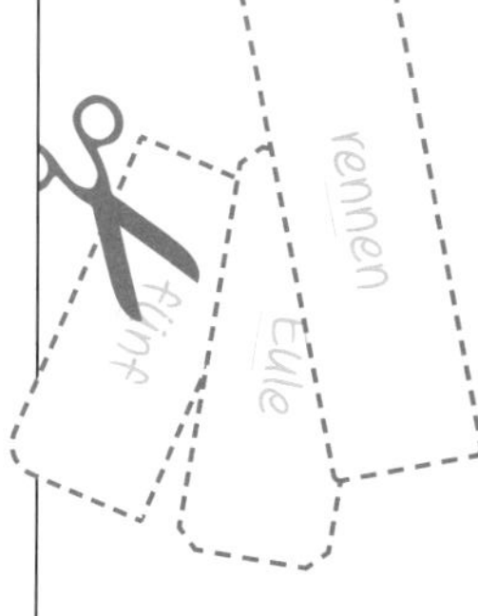

LÖSUNGEN

Besondere Laute

Wörter mit ng

Manche Wörter schreibst du mit **ng**.
Das **n** klingt dann etwas anders als sonst, zum Beispiel:

die **Ang**el, la**ng**, si**ng**en

Welche Silben gehören zusammen? Verbinde. Schreibe die Wörter auf. Kreise ng ein.

Schlan – gel – ge – gen – sam – An – lang – fan

Schla(ng)e
A(ng)el
fa(ng)en
la(ng)sam

Schreibe zu jedem Wort einen Satz in dein Heft.

Erkennst du die Wörter? Schreibe auf. Kreise ng ein.

stngA	A(ng)st	ngju	ju(ng)
enngbri	bri(ng)en	iRng	Ri(ng)
nge	e(ng)	ngal	la(ng)
ngfane	fa(ng)en	uerHng	Hu(ng)er
uJnge	Ju(ng)e	elEng	E(ng)el
gelkinln	kli(ng)eln	geAnl	A(ng)el

Aufgaben-Icon(s): © Verlag an der Ruhr; alle anderen Illustrationen: © Anja Boretzki

© Verlag an der Ruhr | Autorin: Saskia Kistner | ISBN 978-3-8346-3900-4 | www.verlagruhr.de

Besondere Laute

Wörter mit nk

Manche Wörter schreibst du mit **nk**.
Das n klingt dann etwas anders als sonst, zum Beispiel:

der Schra**nk**, kra**nk**, sti**nk**en

Kreise alle nk ein. Wie viele findest du in jedem Satz? Schreibe die Zahl auf die Linien.

O(nk)el Piko ist kra(nk) und tri(nk)t Tee. 3
Auf der Ba(nk) sitzen zwei Buchfi(nk)en. 2
Die Kinder da(nk)en ihren Eltern für cie Gesche(nk)e. 2
Der Geda(nk)e an den Abschied macht Trudi traurig. 1
Der A(nk)er ist oben und Lotta wi(nk)t bei der Abfahrt. 2
Mama muss noch ta(nk)en und le(nk)t das Auto zur Ta(nk)stelle. 3
Es ist du(nk)el und das Boot si(nk)t fli(nk). 3
Luna de(nk)t, dass der Gesta(nk) vom Kamin kommt. 2

Finde Reimwörter mit nk.

denken	schenken	lenken
winken	stinken	trinken
tanken	danken	wanken
krank	Schrank	Dank

Schreibe eine Geschichte mit vielen nk-Wörtern in dein Heft.

Aufgaben-Icon(s): © Verlag an der Ruhr; Kind: © Anja Boretzki

© Verlag an der Ruhr | Autorin: Saskia Kistner | ISBN 978-3-8346-3900-4 | www.verlagruhr.de

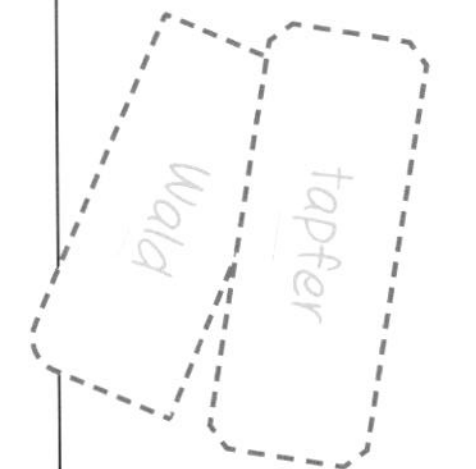

LÖSUNGEN

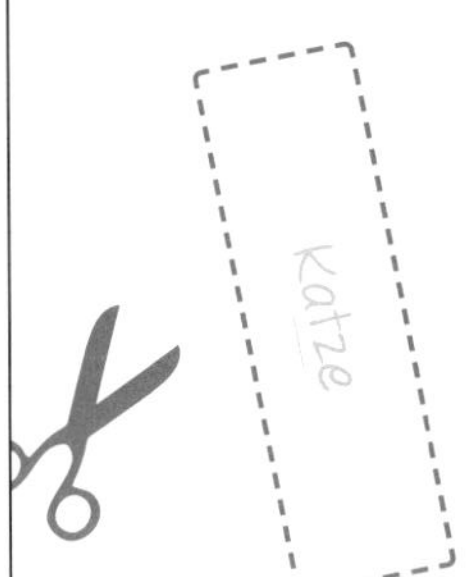

Umlaute

Wörter mit ä, ö und ü

Ä/ä, Ö/ö und **Ü/ü** sind besondere Vokale. Sie heißen **Umlaute**.
Wörter mit Umlaut sind oft verwandt mit Wörtern mit A/a, O/o und U/u, zum Beispiel:

der **A**pfel – die **Ä**pfel, der **O**rt – das **Ö**rtchen, der Fl**u**g – die Fl**ü**gel

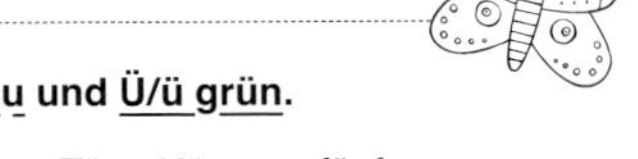

Male die Umlaute an: Ä/ä rot, Ö/ö blau und Ü/ü grün.

erzählen – wünschen – hören – für – Mädchen – Tür – Körper – fünf –
Gemüse – Käfer – zwölf – grün – Übung – März – Kälte – über – müssen –
schön – böse – spät – Flügel – dürfen – Frühling – Öl – Ärger

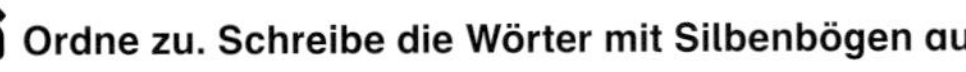

Ordne zu. Schreibe die Wörter mit Silbenbögen auf.

Ä/ä: erzählen, Mädchen, Käfer, März,
Kälte, spät, Ärger

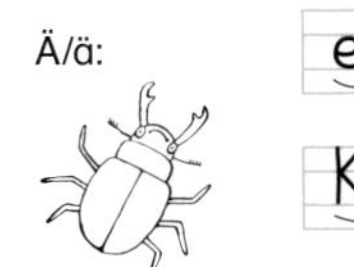

Ö/ö: hören, Körper, zwölf, schön,
böse, Öl

Ü/ü: wünschen, für, Tür, fünf,
Gemüse, grün, Übung, über,
müssen, Flügel, dürfen,
Frühling

© Verlag an der Ruhr | Autorin: Saskia Kistner | ISBN 978-3-8346-3900-4 | www.verlagruhr.de

Umlaute

Zauberwörter mit ä, ö und ü (1/2)

In der **Mehrzahl** wird oft aus **a** ein **ä**, aus **o** ein **ö** und aus **u** ein **ü**, zum Beispiel:

der B**a**ll – die B**ä**lle der Fr**o**sch – die Fr**ö**sche das B**u**ch – die B**ü**cher

Zaubere Wörter mit ä, ö und ü wie im Beispiel.
Kreise die verzauberten Vokale ein.

ein Mann – viele Männer
ein Land – viele Länder
ein Bruder – viele Brüder
ein Wunsch – viele Wünsche
ein Stuhl – viele Stühle
ein Ton – viele Töne
eine Hand – viele Hände
ein Rock – viele Röcke
ein Glas – viele Gläser

Findest du noch mehr Beispiele? Schreibe in dein Heft.
Kreise die verzauberten Vokale ein.

© Verlag an der Ruhr | Autorin: Saskia Kistner | ISBN 978-3-8346-3900-4 | www.verlagruhr.de

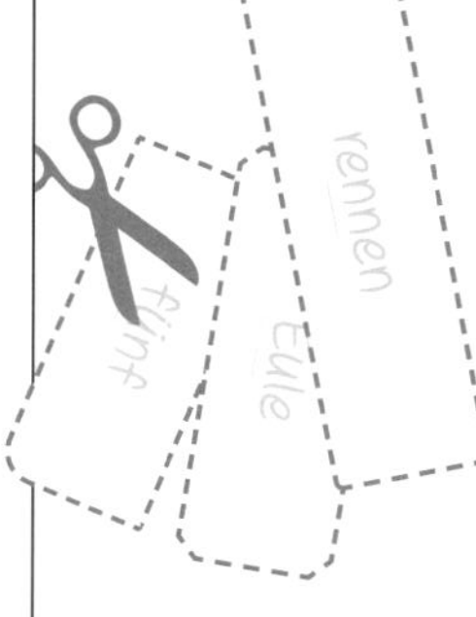

LÖSUNGEN

Umlaute – Zauberwörter mit ä, ö und ü (2/2)

In der **Einzahl** wird oft aus **ä** ein **a**, aus **ö** ein **o** und aus **ü** ein **u**, zum Beispiel:

die B**ä**lle – der B**a**ll   die Fr**ö**sche – der Fr**o**sch   die B**ü**cher – das B**u**ch

Zaubere Wörter mit a, o und u wie im Beispiel. Kreise die verzauberten Vokale ein.

viele Räder – ein Rad
viele Köpfe – ein Kopf
viele Dörfer – ein Dorf
viele Blätter – ein Blatt
viele Wälder – ein Wald
viele Küsse – ein Kuss
viele Töchter – eine Tochter
viele Löcher – ein Loch
viele Düfte – ein Duft
viele Nächte – eine Nacht

Aufgaben-Icon(s): © Verlag an der Ruhr; alle anderen Illustrationen: © Anja Boretzki

Zwielaute – Wörter mit Au/au

Au/au ist ein **Zwielaut**. Er besteht aus den Vokalen a und u.
Du sprichst „ao", aber du musst Au/au schreiben, zum Beispiel:

l**au**t – k**au**fen – das **Au**to

Kreise Au und au ein. Ordne die Wörter dann richtig zu.

laufen – auch – Haut – auf – laut – Aufgabe – Frau – kaufen – Sau – schauen – blau – bauen – August – aus – Bauch – Bauer – schlau

Au- und au- (Wortanfang): auch, auf, Aufgabe, August, aus

-au- (Wortmitte): laufen, Haut, laut, kaufen, schauen, bauen, Bauch, Bauer

-au (Wortende): Frau, Sau, blau, schlau

Finde die 9 Wörter mit Au/au. Schreibe in dein Heft. Kreise Au/au ein.

W	G	T	L	Q	S	C	H	A	U	K	E	L	S	B	X	T	N
A	U	G	E	B	Y	D	O	R	P	M	V	Y	U	A	W	A	Y
Q	X	U	I	Y	M	A	U	S	D	O	L	R	W	G	X	U	W
H	F	J	A	B	K	I	A	X	C	B	Q	A	S	B	D	B	G
D	A	U	M	E	N	H	H	A	U	S	R	U	X	A	Y	E	M
Y	N	L	E	K	Y	P	G	X	E	Y	E	P	S	U	D	D	C
I	F	J	S	C	H	R	A	U	B	E	U	E	D	M	J	L	P

Lösung: Schaukel, Auge, Taube, Maus, Daumen, Haus, Schraube, Raupe, Baum

Aufgaben-Icon(s): © Verlag an der Ruhr; alle anderen Illustrationen: © Anja Boretzki

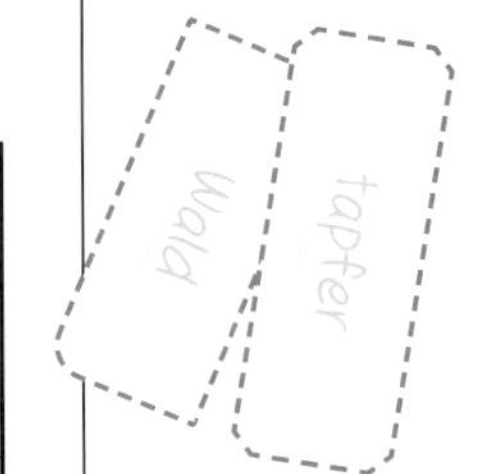

LÖSUNGEN

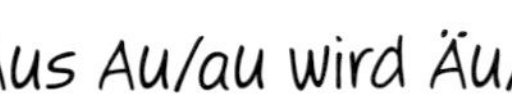

Zwielaute

Aus Au/au wird Äu/äu (1/2)

Aus **Au/au** kann **Äu/äu** werden, wenn du die **Mehrzahl** bildest, zum Beispiel:

das H**au**s

die H**äu**ser

Zaubere aus der Einzahl die Mehrzahl.
Kreise die verzauberten Zwielaute ein.

ein Baum – viele Bäume

ein Strauß – viele Sträuße

ein Zaun – viele Zäune

ein Schlauch – viele Schläuche

ein Strauch – viele Sträucher

ein Bauch – viele Bäuche

ein Haus – viele Häuser

eine Sau – viele Säue

ein Traum – viele Träume

eine Maus – viele Mäuse

Zwielaute

Aus Au/au wird Äu/äu (2/2)

Aus **Au/au** kann **Äu/äu** werden, wenn du etwas **verkleinerst**.
Hierfür hängst du **-chen** oder **-lein** an das Wort, zum Beispiel:

ein Baum – ein B**äu**mchen

ein Auge – ein **Äu**glein

Zaubere die Nomen klein. Kreise die Zwielaute au und äu ein.

ein Bauch	ein Bäuchlein
ein Haus	ein Häuschen/ein Häuslein
ein Zaun	ein Zäunchen
ein Auge	ein Äuglein
eine Maus	ein Mäuschen/ein Mäuslein
ein Baum	ein Bäumchen/ein Bäumlein
eine Taube	ein Täubchen/ein Täublein
eine Frau	ein Fräulein

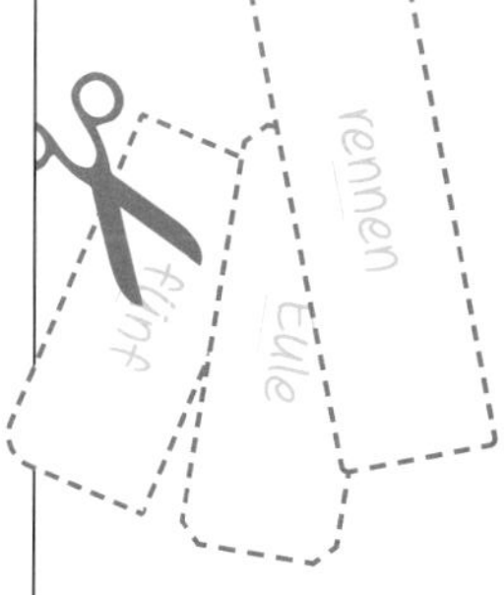

LÖSUNGEN

Wörter mit Eu/eu

Zwielaute

Eu/eu ist ein **Zwielaut**. Er besteht aus den Vokalen e und u.
Du sprichst „oi“, aber du musst Eu/eu schreiben, zum Beispiel:

fr**eu**en – n**eu** – das H**eu** – die **Eu**le

Welche Silben gehören zusammen? Verbinde. Schreibe die Wörter auf. Kreise Eu/eu ein.

Freu – heu – te – de – er – te – Beu – teu

Freude,
heute
Beute
teuer

In dem Wimmelbild verstecken sich 12 Wörter mit Eu/eu. Kannst du sie alle entdecken?

Leuchtturm, neun, Eule,
heulen, Beule, Efeu, Feuer,
Euter, Teufel, Keule,
Beutel, Euro

© Verlag an der Ruhr | Autorin: Saskia Kistner | ISBN 978-3-8346-3900-4 | www.verlagruhr.de

Wörter mit Ei/ei

Zwielaute

Ei/ei ist ein **Zwielaut**. Er besteht aus den Vokalen e und i.
Du sprichst „ai“, aber du musst Ei/ei schreiben, zum Beispiel:

bl**ei**ben – h**ei**ter – das **Ei**

Bilde Nomen mit Ei/ei. Kreise Ei/ei ein.

(Ei/ei)s – L(Ei/ei)ter – R(Ei/ei)ter – S(Ei/ei)l – Z(Ei/ei)t – G(Ei/ei)st – (Ei/ei)mer – Kr(Ei/ei)de – B(Ei/ei)n – S(Ei/ei)fe – S(Ei/ei)te – Fr(Ei/ei)tag – R(Ei/ei)s – (Ei/ei)che – (Ei/ei)sen

Eis, Leiter, Reiter, Seil, Zeit, Geist, Eimer,
Kreide, Bein, Seife, Seite, Freitag, Reis,
Eiche, Eisen

Kreise Ei/ei ein. Wie viele findest du in jedem Satz? Schreibe die Zahl auf die Linien.

Zwei reiche Ameisen reisen in das weiße Afrika. 5
Eine kleine Biene schreibt allein an einem Buch. 5
Dieses einzelne Ei scheint weiß zu bleiben. 5
Gleich zeige ich den beiden dreiste Mäuse. 5
Mein lieber Opa heißt Heiner und sagt nie: „Nein“. 4

Erfinde Sätze mit vielen Ei/ei-Wörtern. Schreibe in dein Heft. Kreise Ei/ei ein.

© Verlag an der Ruhr | Autorin: Saskia Kistner | ISBN 978-3-8346-3900-4 | www.verlagruhr.de

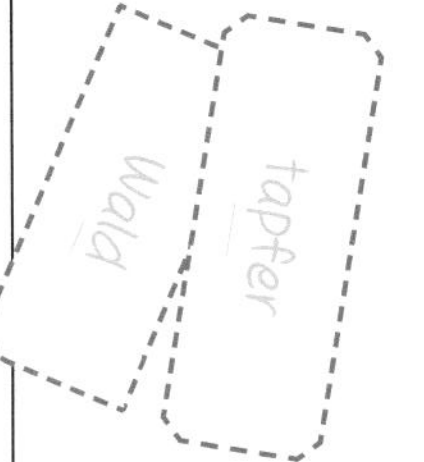

LÖSUNGEN

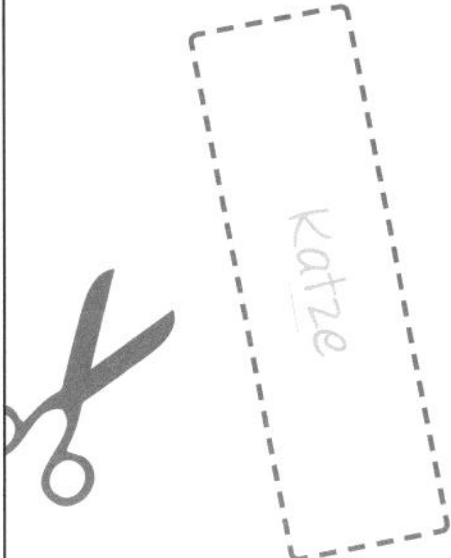

Doppelkonsonanten

Wörter mit Doppelkonsonant (1/4)

Du weißt: Sprich beim Schreiben die Silben langsam und deutlich mit.
So hörst du meist alle Buchstaben.
Es gibt Vokale (A, E, I, O, U) und Konsonanten.

Es gibt Wörter mit **Doppelkonsonant**. Hier stehen zwei gleiche Konsonanten hintereinander. Der Vokal davor hört sich kurz an. Schwinge die Silben: Pu**pp**e, Wa**ss**er

Schreibe die Nomen. Zeichne Silbenbögen.

Affe	Koffer
Kette	Teppich
Sonne	Teller
Hammer	Tasse
Butter	Puppe
Kanne	Wasser
Spinne	Suppe
Tanne	Schüssel

Kreise die Doppelkonsonanten ein.

© Verlag an der Ruhr | Autorin: Saskia Kistner | ISBN 978-3-8346-3900-4 | www.verlagruhr.de

Doppelkonsonanten

Wörter mit Doppelkonsonant (2/4)

Oft hörst du erst in der **Mehrzahl** den Doppelkonsonanten, zum Beispiel:

das Blatt — die Blä**tt**er

Bilde die Mehrzahl. Zeichne Silbenbögen. Kreise die Doppelkonsonanten ein.

ein Schiff – viele	Schiffe
ein Blatt – viele	Blätter
ein Ball – viele	Bälle
ein Bett – viele	Betten
eine Nuss – viele	Nüsse

Bilde die Einzahl. Kreise die Doppelkonsonanten ein.

viele Männer – ein	Mann
viele Herren – ein	Herr
viele Küsse – ein	Kuss
viele Lämmer – ein	Lamm
viele Risse – ein	Riss

© Verlag an der Ruhr | Autorin: Saskia Kistner | ISBN 978-3-8346-3900-4 | www.verlagruhr.de

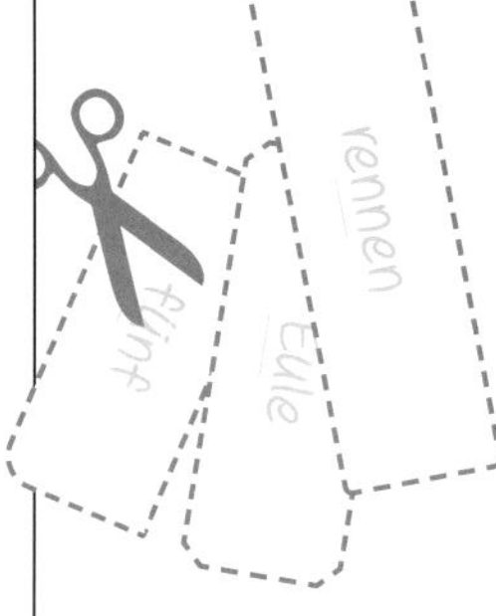

LÖSUNGEN

Doppelkonsonanten

Wörter mit Doppelkonsonant (3/4)

Viele Verben schreibst du mit Doppelkonsonant.
Du hörst ihn aber nicht in jeder Form.
Trick: Suche die **Grundform**, so hörst du ihn. Zum Beispiel:

du re**nn**st – re**nn**en er schwi**mm**t – schwi**mm**en

Suche die Grundform. Zeichne Silbenbögen. Kreise den Doppelkonsonanten ein.

du fällst – fallen ihr kommt – kommen

er füllt – füllen er stellt – stellen

sie rennt – rennen du sollst – sollen

Schreibe die Verben in der richtigen Form. Achtung: Der Doppelkonsonant bleibt bestehen.

	essen	können	lassen
ich	esse	kann	lasse
du	isst	kannst	lässt
er/sie/es	isst	kann	lässt
wir	essen	können	lassen
ihr	esst	könnt	lasst
sie	essen	können	lassen

© Verlag an der Ruhr | Autorin: Saskia Kistner | ISBN 978-3-8346-3900-4 | www.verlagruhr.de

Doppelkonsonanten

Wörter mit Doppelkonsonant (4/4)

Finde die 12 Wörter mit Doppelkonsonant. Schreibe auf. Kreise den Doppelkonsonanten ein.

W	A	U	Q	P	F	L	Ü	S	S	I	G	K	D	A	N	N	H
E	E	B	I	V	X	T	O	B	U	D	L	P	G	G	R	B	P
N	X	C	M	W	F	A	N	B	W	D	O	S	T	I	L	L	Q
N	X	K	M	V	I	L	I	L	D	D	T	U	O	U	Z	K	K
P	J	Z	E	J	T	L	B	O	S	C	H	N	E	L	L	H	B
A	T	F	R	E	G	E	G	O	I	W	P	T	W	S	R	L	D
L	A	F	B	K	N	I	F	V	O	L	L	T	W	A	N	N	F
L	N	E	E	W	F	N	G	L	O	Y	F	E	E	W	K	T	A
E	T	T	L	A	U	X	B	D	E	N	N	L	N	H	E	L	L

wenn, alle, immer, flüssig, allein, dann,

still, schnell, voll, wann, denn, hell

Lösung: wenn, alle, immer, flüssig, a lein, dann, still, schnell, voll, wann, denn, hell

Finde die zusammengesetzten Nomen mit Doppelkonsonant. Schreibe auf. Kreise die Doppelkonsonanten ein.

Wetter	Fall
Stoff	Fell
Wasser	Karte
Winter	Rest

Wetterkarte

Stoffrest

Wasserfall

Winterfell

© Verlag an der Ruhr | Autorin: Saskia Kistner | ISBN 978-3-8346-3900-4 | www.verlagruhr.de

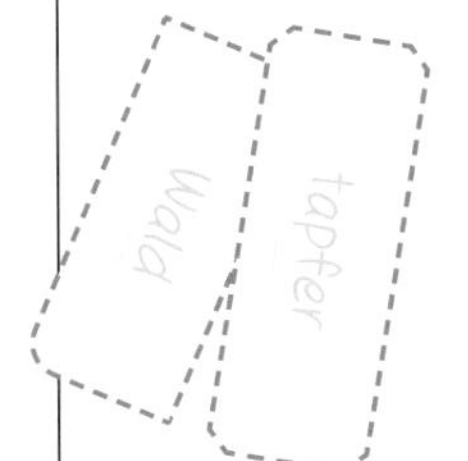

Doppelkonsonanten

Wörter mit ck

Manche Wörter mit dem Laut k sind besonders.
Du sprichst „k“, aber du musst ck schreiben.
Ck ist eigentlich kk, also auch ein Doppelkonsonant.
Vor ck ist immer ein **kurzer Vokal**, zum Beispiel:

der Wẹ**ck**er, stị**ck**en

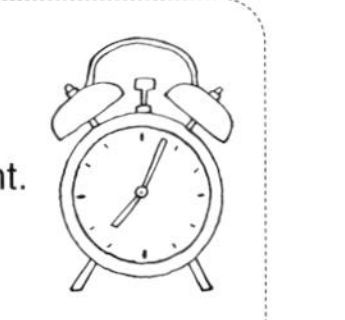

Welche Silben gehören zusammen? Verbinde.

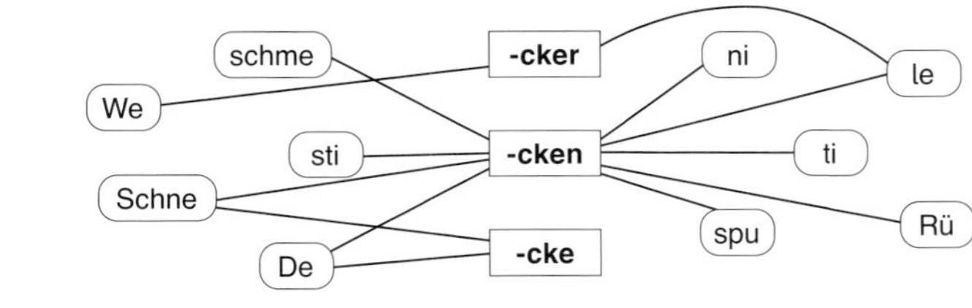

Schreibe die Wörter auf. Kreise ck ein.
Setze einen Punkt unter den kurzen Vokal vor ck.

Dẹcke, Dẹcken, Schnẹcke, Schnẹcken,
stịcken, Wẹcker, schmẹcken, nịcken,
lẹcker, lẹcken, tịcken, spụcken, Rụ̈cken

Welche ck-Wörter passen in die Lücken? Ordne ein.

~~Dackel~~ – ~~Stück~~ – ~~Zucker~~ – ~~Bäcker~~ – ~~Fleck~~ – ~~Rock~~ – ~~Glück~~

Eva geht mit ihrem Dackel Gassi. Sie holt sich beim Bäcker einen Tee mit Zucker. Eva schüttet Tee auf ihren Rock. Zum Glück ist da nur ein kleiner Fleck. Sie spazieren noch ein Stück weiter.

© Verlag an der Ruhr | Autorin: Saskia Kistner | ISBN 978-3-8346-3900-4 | www.verlagruhr.de

Doppelkonsonanten

Wörter mit tz

Manche Wörter mit dem Laut z sind besonders.
Du sprichst „z“, aber du musst tz schreiben.
Tz ist eigentlich zz, also auch ein Doppelkonsonant.
Vor tz ist immer ein **kurzer Vokal**, zum Beispiel:

die Kạ**tz**e, krạ**tz**en

Finde alle Wörter mit tz und schreibe sie auf.

Kreise tz ein. Setze einen Punkt unter den kurzen Vokal vor tz.

die ~~Glatze~~ die Anzahl der Zug ~~schwitzen~~
die ~~Hitze~~ ~~sitzen~~ die Polizei ~~putzen~~
die ~~Spritze~~ ~~kitzeln~~ ~~spitz~~ der Arzt

die Glạtze, schwịtzen,
die Hịtze, sịtzen, pụtzen,
die Sprịtze, kịtzeln, spịtz

Finde die 7 Wörter mit tz. Schreibe in dein Heft.
Kreise tz ein. Setze einen Punkt unter den kurzen Vokal vor tz.

X	I	H	P	V	W	X	G	S	I	O	D	E	V	X	Q	W	P
M	L	O	X	Y	W	E	W	A	Z	N	E	T	Z	K	U	V	J
J	S	P	A	T	Z	B	T	T	O	G	Y	F	U	Z	D	X	E
Z	L	E	K	H	L	X	N	Z	N	E	B	L	I	T	Z	X	T
W	P	L	A	T	Z	I	H	L	C	N	Y	O	M	Z	J	U	Z
F	L	G	Y	K	K	P	M	E	T	Z	G	E	R	Q	Q	Y	T

Lösung: Spatz, Platz, Satz, Netz, Blitz, Metzger, jetzt

© Verlag an der Ruhr | Autorin: Saskia Kistner | ISBN 978-3-8346-3900-4 | www.verlagruhr.de

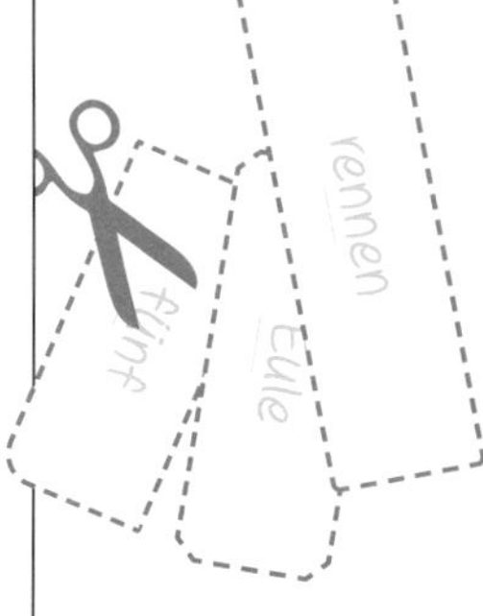

LÖSUNGEN

Knifflige An- und Auslaute

Wörter mit Bl/bl und Br/br am Anfang

Beginnt ein Wort mit **bl** oder **br**? **Sprich deutlich**, dann hörst du es!

Kreise bl blau und br braun ein.

bremsen – Blatt – breit – bleiben – Blume – blühen – Blüte – brauchen

braten – bringen – Brot – Brief – Bruder – Blitz – Blut – brennen – bluten

Block – bleich – braun – Bluse – brechen – Blech – blinzeln – blond

Schreibe die Wörter geordnet in dein Heft:

Bl/bl: Blatt … Br/br: bremsen …

Beginnt das Wort mit Bl/bl oder Br/br? Trage ein. Findest du das Lösungswort?

Gero hat eine Bl ase am Zeh.	~~Bl~~ (B)	Br (D)
Der Schaum br ennt in den Augen!	bl (U)	~~br~~ (L)
Wo ist bl oß mein Radiergummi?	~~bl~~ (U)	br (N)
Dieser Bl ick vom Gipfel ist toll!	~~Bl~~ (M)	Br (S)
Herr Weimer ist leider bl ind.	~~bl~~ (E)	br (A)
Der Br unnen ist sehr tief.	Bl (M)	~~Br~~ (N)
Die Henne br ütet im Stall.	bl (T)	~~br~~ (K)
Das finde ich aber bl öd!	~~bl~~ (O)	br (E)
Ich br auche ein neues Heft.	bl (P)	~~br~~ (H)
Du bist sehr bl ass.	~~bl~~ (L)	br (R)

Lösungswort: B L U M E N K O H L

Aufgaben-Icon(s): © Verlag an der Ruhr; Blume: © Anja Boretzki

© Verlag an der Ruhr | Autorin: Saskia Kistner | ISBN 978-3-8346-3900-4 | www.verlagruhr.de

Knifflige An- und Auslaute

Wörter mit -el, -en und -er am Ende

Bei Wörtern mit **-el**, **-en** und **-er** am Ende hörst du das e oft nicht, zum Beispiel:

der Ig**el**, ess**en**, die Blätt**er**

Sprich deutlich und schwinge die Wörter. Dann hörst du die Endung besser!

Wie enden die Wörter? Sprich sie deutlich und schreibe sie in die Tabelle.

~~Pudel~~ – ~~Boden~~ – ~~Kuchen~~ – ~~Kalender~~ – ~~Nebel~~ – ~~baden~~ – ~~Feder~~ – ~~Fenster~~ – ~~kochen~~ – ~~Bruder~~ – ~~Körper~~ – ~~Tochter~~ – ~~Wurzel~~ – ~~Onkel~~ – ~~aber~~ – ~~Besen~~ – ~~Apfel~~ – ~~Gabel~~ – ~~Wagen~~ – ~~Ofen~~ – ~~dunkel~~

-el	-en	-er
Pudel	Boden	Kalender
Nebel	Kuchen	Feder
Wurzel	baden	Fenster
Onkel	kochen	Bruder
Apfel	Besen	Körper
Gabel	Wagen	Tochter
dunkel	Ofen	aber

Finde mit einem Partner noch mehr Wörter mit -el, -en und -er. Schreibe sie geordnet in dein Heft.

Aufgaben-Icon(s): © Verlag an der Ruhr; Igel: © Anja Boretzki

© Verlag an der Ruhr | Autorin: Saskia Kistner | ISBN 978-3-8346-3900-4 | www.verlagruhr.de

LÖSUNGEN

Knifflige An- und Auslaute

Wörter mit -d und -t am Ende

Am Ende von vielen Wörtern hörst du t, musst aber d schreiben.
Verlängere das Wort, dann kannst du **d** und **t** deutlich hören.
Zum Beispiel:

der Stran**d** – die Strän**d**e, al**t** – äl**t**er, der San**d** – san**d**ig

Fülle die Tabelle aus.
Zeichne Silbenbögen unter das verlängerte Wort.

d oder t?	verlängertes Wort	so schreibe ich
frem d	fremde	fremd
Aben d	Abende	Abend
Zei t	Zeiten	Zeit
Kin d	Kinder	Kind
Gel d	Gelder	Geld
bun t	bunte/bunter	bunt
Fel d	Felder	Feld
Bil d	Bilder	Bild
kal t	kalte/kälter	kalt

Finde weitere Wörter mit -d und -t. Schreibe in dein Heft.
Mache die Verlängerungsprobe.

Knifflige An- und Auslaute

Wörter mit -b und -p am Ende

Am Ende von vielen Wörtern hörst du p, musst aber b schreiben.
Verlängere das Wort, dann kannst du **p** und **b** deutlich hören.
Zum Beispiel:

der Kor**b** – die Kör**b**e, gel**b** – gel**b**e, der Stau**b** – stau**b**ig

Fülle die Tabelle aus.
Zeichne Silbenbögen unter das verlängerte Wort.

b oder p?	verlängertes Wort	so schreibe ich
tau b	taube	taub
Lo b	loben	Lob
lie b	liebe/lieber	lieb
plum p	plumpe/plumper	plump
Die b	Diebe	Dieb
Kal b	Kälber	Kalb
gro b	grobe/grober	grob
Horosko p	Horoskope	Horoskop
Rau b	rauben/Räuber	Raub

Finde weitere Wörter mit -b und -p. Schreibe in dein Heft.
Mache die Verlängerungsprobe.

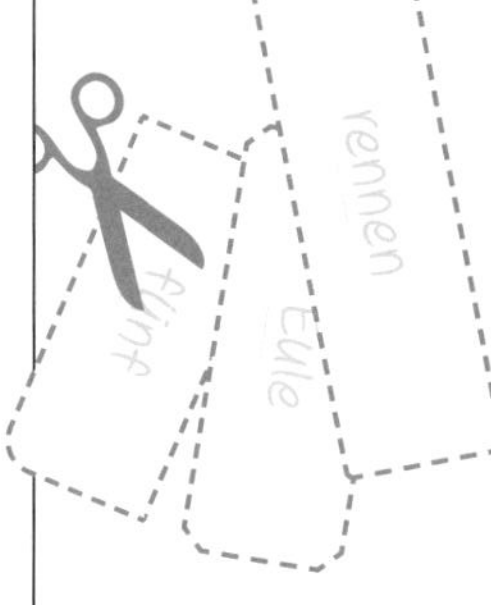

LÖSUNGEN

Knifflige An- und Auslaute

Wörter mit -g und -k am Ende

Am Ende von vielen Wörtern hörst du k, musst aber g schreiben.
Verlängere das Wort, dann kannst du **k** und **g** deutlich hören.
Zum Beispiel:

der Ta**g** – die Ta**g**e, kran**k** – kran**k**e, das Geträn**k** – die Geträn**k**e

Fülle die Tabelle aus.
Zeichne Silbenbögen unter das verlängerte Wort.

g oder k?	verlängertes Wort	so schreibe ich
Ban k	Bänke	Bank
richti g	richtige	richtig
Sie g	Siege/siegen	Sieg
Dan k	danken	Dank
ferti g	fertige	fertig
Flu g	Flüge	Flug
We g	Wege	Weg
Käfi g	Käfige	Käfig
Bur g	Burgen	Burg

Finde weitere Wörter mit -g und -k. Schreibe in dein Heft.
Mache die Verlängerungsprobe.

© Verlag an der Ruhr | Autorin: Saskia Kistner | ISBN 978-3-8346-3900-4 | www.verlagruhr.de

Knifflige An- und Auslaute

Gemischte Übungen

Schreibe die Nomen auf. Achte auf die Endungen.
Tipp: Bei manchen Wörtern hilft dir der Verlängerungs-Trick.

Hund	Pinsel
Apfel	Korb
Brot	Zelt
Feder	Gabel
Bank	König
Rad	Kleid
Blut	Nagel
Zwerg	Dieb
Finger	Hand
Wald	Mund
Hemd	Pferd

© Verlag an der Ruhr | Autorin: Saskia Kistner | ISBN 978-3-8346-3900-4 | www.verlagruhr.de

LÖSUNGEN

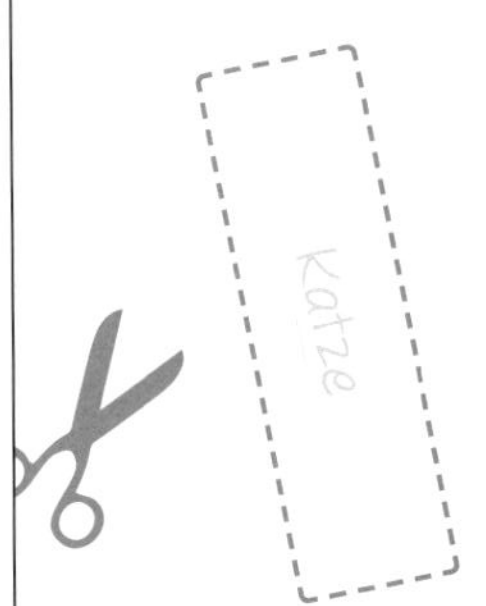

Wörter mit x

x-Laute

In dem Wimmelbild verstecken sich 4 Wörter mit x. Kannst du sie alle entdecken? Schreibe auf. Kreise x ein.

Taxi, Boxer, Hexe, Mixer

Schreibe mit jedem x-Wort einen Satz in dein Heft.

Löse das Rätsel. Schreibe die x-Wörter auf.

Darin kannst du etwas nachschlagen.	Lexikon
Viele Sätze ergeben einen …	Text
Damit fällt man einen Baum.	Axt
Du besuchst den Arzt in seiner …	Praxis
Eine Meerjungfrau ist eine …	Nixe
Das ist ein männlicher Vorname mit 3 Buchstaben.	Max

Lösung: Lexikon, Text, Axt, Praxis, Nixe, Max

© Verlag an der Ruhr | Autorin: Saskia Kistner | ISBN 978-3-8346-3900-4 | www.verlagruhr.de
Illustrationen: © Anja Boretzki

Laute, die wie x klingen: ks, gs, chs und cks

x-Laute

In vielen Wörtern hörst du „x“, musst aber andere Buchstaben schreiben:
ks, **gs**, **chs** und **cks**.
Zum Beispiel: der Ke**ks**, unterwe**gs**, der Fu**chs**, der Kle**cks**

Merke dir die Wörter besonders gut!

Wo hörst du x? Kreise ein: ks, gs, chs und cks.

Wie viele x-Laute findest du in jedem Satz? Schreibe die Zahl auf die Linien.

Im Stall stehen der Ochse und der Hengst.	2
Die Dienerin macht einen Knicks.	1
Erwachsene essen gern Lachs und lieben Kekse.	3
Die Achse des Autos bricht unterwegs.	2
Links sehe ich sechs Eidechsen.	3
Warum verwechselst du Fuchs und Dachs?	3
Das Wachs macht Kleckse auf den Tisch.	2
Oma lässt im Herbst die Reifen am Auto wechseln.	1
Nächstes Jahr wachse ich weiter.	2
Die Tannennadeln piksen Yannik.	1
Kannst du mir ein paar Tricks zeigen?	1

Insgesamt sind es

ks: 3 gs: 2 chs: 13 cks: 3

Schreibe alle Wörter mit x-Laut in dein Heft. Kreise ein: ks, gs, chs und cks.

Wähle je zwei Wörter mit ks, gs, chs und cks aus. Schreibe zu jedem Wort einen eigenen Satz in dein Heft.

© Verlag an der Ruhr | Autorin: Saskia Kistner | ISBN 978-3-8346-3900-4 | www.verlagruhr.de

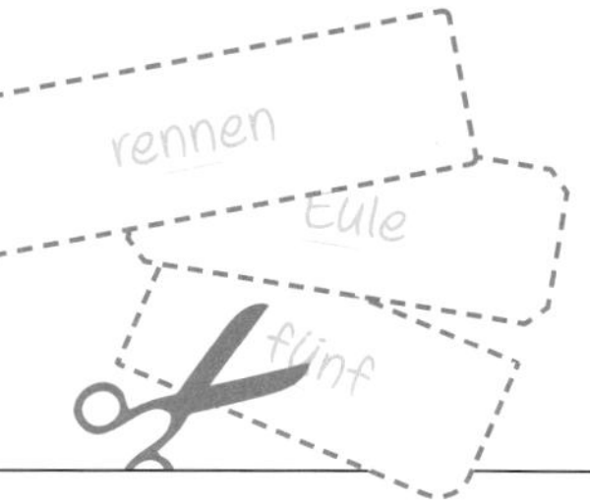

LÖSUNGEN

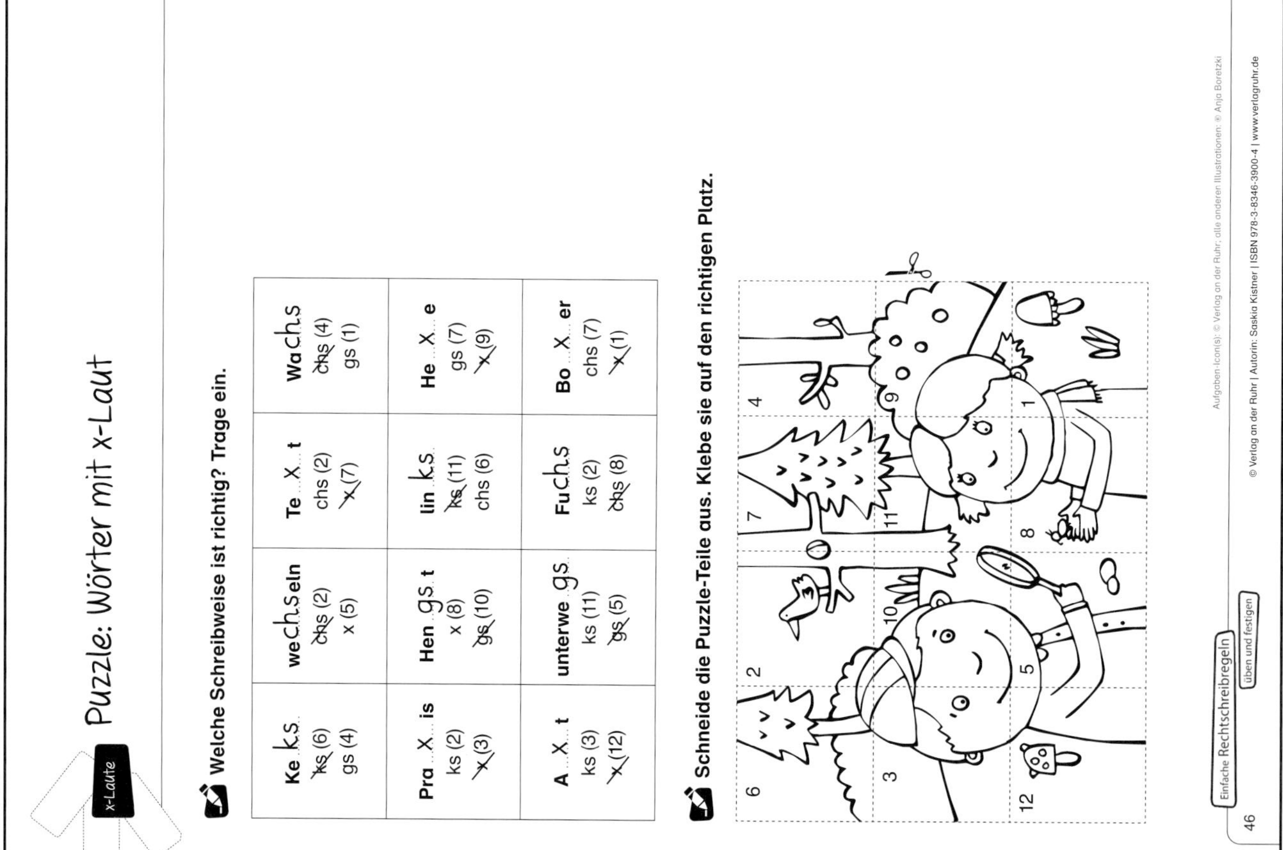

x-Laute

Puzzle: Wörter mit x-Laut

Welche Schreibweise ist richtig? Trage ein.

Ke ks ~~ks~~ (6) gs (4)	wech seln ~~chs~~ (2) x (5)	Te x t chs (2) ~~x~~ (7)	Wa chs ~~chs~~ (4) gs (1)
Pra x is ks (2) ~~x~~ (3)	Hen gs t x (8) ~~gs~~ (10)	lin ks ~~ks~~ (11) chs (6)	He x e gs (7) ~~x~~ (9)
A x t ks (3) ~~x~~ (12)	unterwe gs ks (11) ~~gs~~ (5)	Fu chs ks (2) ~~chs~~ (8)	Bo x er chs (7) ~~x~~ (1)

Schneide die Puzzle-Teile aus. Klebe sie auf den richtigen Platz.

46 Einfache Rechtschreibregeln üben und festigen

© Verlag an der Ruhr | Autorin: Saskia Kistner | ISBN 978-3-8346-3900-4 | www.verlagruhr.de

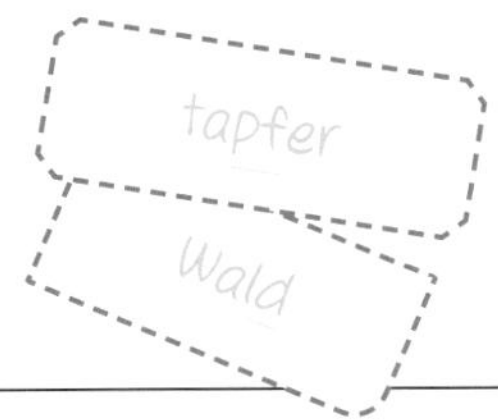

Medientipps

Blumhagen, Doreen:
So übe ich meine Lernwörter.
Die Übungs-Kartei für den individuellen Einsatz.
Verlag an der Ruhr, 2017.
978-3-8346-3587-7

Engelhardt, Anja:
30 x Rechtschreibung für 45 Minuten – Klasse 2.
Ausgearbeitete Stunden mit Kopiervorlagen.
Verlag an der Ruhr, 2016.
978-3-8346-3188-6

Frechen, Bernadette; Schößler, Stefanie:
Mein Wörter-Schreibheft – erste Rechtschreibregeln.
Verlag an der Ruhr, 2014.
978-3-8346-2249-5

Holzwarth-Raether, Ulrike; Neidthardt, Angelika:
So schreibe ich fehlerfrei in der Grundschule. Einfache Strategien für eine sichere Rechtschreibung.
Duden Verlag, 2016.
978-3-411-73773-4

Holzwarth-Raether, Ulrike; Müller-Wolfangel, Ute:
So schreibe ich fehlerfrei. Übungsblock – 2. Klasse.
Duden Verlag, 2012.
978-3-411-75281-2

Pesch-Beulmann, Mechtild:
Rechtschreibung verstehen und systematisch üben.
Mit umfangreichem Übungsmaterial als Kopiervorlagen für die Grundschule.
Verlag an der Ruhr, 2018.
978-3-8346-3698-0

Schößler, Stefanie:
Mein Wörter-Schreibheft – Groß- und Kleinschreibung.
Verlag an der Ruhr, 2012.
978-3-8346-2251-8

Stang, Christian (Hrsg.):
Merk-Poster: Rechtschreibung – Grundlagen.
Mit umfangreichem Übungsmaterial als Kopiervorlagen für die Grundschule.
Verlag an der Ruhr, 2013.
978-3-8346-2253-2

Vau, Katja:
2in1 zum Nachschlagen: Grundschule – Rechtschreibung.
Schroedel, 2013.
978-3-507-22296-0

Wicharz, Stephan:
Mein Wörter-Schreibheft – lautgetreue Wörter.
Verlag an der Ruhr, 2012.
978-3-8346-0943-4